ZEICHEN KINDER

Zeichen Kinder

Erkenne die Zeichen und
finde deine Bestimmung

Barbara Benz

Inhalt

Impressum

Marienburger Str. 3
71665 Vaihingen/Enz

eMail: verlag@grain-press.de
Internet: www.grain-press.de
Satz: Grain-Press
Cover: Grain-Press
Fotografie: Christine Kocher
Druck: CPI Germany 25917 Leck

Wenn nicht anders angegeben sind die Bibelstellen der *NeueLuther 2009* und der *Neues Leben Bibel 5. Auflage 2014* entnommen

ISBN Nr. 978-3-944 794-594
Best. Nr. 3598459

WIDMUNG

Ich widme dieses Buch meinem Mann, Manuel! Du bist meine große Liebe, seit dem ersten Tag, als ich dich gesehen habe. Das Leben mit dir ist ein verrücktes Abenteuer. Ich bewundere dich heute mehr als jemals zuvor, denn du bist mein persönlicher Held. Jemand sagte einmal, wir zwei passen zusammen wie Hand und Handschuh. Ich denke, wir können jetzt aufhören, darüber zu diskutieren, wer was ist: Ich bin der Handschuh!

Unseren vier Kindern Jael, Sharon, Joschua und Noemi. Ihr seid das Schönste für mich auf dieser Welt! Ihr seid alle Originale. Ich weiß, dass ihr alle eure persönliche Geschichte mit Gott schreiben werdet. Immer wieder staune ich darüber, wie liebevoll ihr mit Menschen umgeht. Wow, was für ein Vorrecht, eure Mama zu sein!

Meiner Mama, du bist eine mutige und starke Frau. Du hast Dinge überwunden, bei denen andere längst aufgegeben hätten. Du hast uns drei Kinder unter widrigen Umständen vorbildlich großgezogen und dabei nie geklagt. Ich hoffe, ich trage etwas von deinem Kampfgeist in mir. Danke für deine Liebe und Fürsorge.

Anni, du bist eine wundervolle Frau. Ich werde nie vergessen, wie du an mich geglaubt hast, als noch nichts zu sehen war! Heute weiß ich, was ich am meisten an dir bewundere: Du gibst Menschen Bedeutung! Danke für die Jahre, in denen du mich an deine Seite genommen hast!

All jenen, die entschlossen sind, die Bestimmung ihres Lebens auszugraben, auch wenn sie bereits mit Erde festgetreten wurde! Die Welt braucht Originale. Gehe und hole dir zurück, was dir gehört!

VORWORT

Dieses Buch ***Zeichenkinder*** kommt zur rechten Zeit. Barbara erzählt ihre Geschichte, die durch vielfältige Erfahrungen mit Gott entstanden ist. Wir werden auf eine sehr persönliche Reise mitgenommen, auf der wir die Realität der Gegenwart Gottes und die Realität Satans, des Zerstörers, erzählt bekommen.

Im Johannesevangelium 10, 10 steht: ***„Ein Dieb will rauben, morden und zerstören. Ich aber bin gekommen, um ihnen das Leben in ganzer Fülle zu schenken."***

Die Absicht dieses Buches ist es, unsere geistlichen Augen und Ohren zu sensibilisieren und dadurch vermehrt mit Gottes Gegenwart, seinem Eingreifen und seiner Hilfe zu rechnen. Dieses Buch gibt uns Einblick in die Realität der übernatürlichen, unsichtbaren Welt unseres Alltags. Es zeigt, wie wir unsere Bestimmung in dieser Welt erfüllen und entsprechend leben und wirken können.

Barbara kenne ich nun schon seit über 20 Jahren. Es war für mich ein Vorrecht, ihre Entwicklung von einem „Baby" im Glaubensleben hin zu einer mündigen und reifen Frau Gottes mitzuerleben. Ich durfte sie in schwierigen Lebensfragen und -phasen begleiten, ermutigen, motivieren und korrigieren. Es war toll zu sehen, wie sie

Gott an sich arbeiten ließ – auch und vor allem in schwierigen Lebensumständen.

Wie es sonst selten zu sehen ist, wurden Gottes bedingungslose Liebe und seine heilende Gnade in ihrem Leben sichtbar.

Ich bin Gott dankbar, sie kennen zu dürfen, sie begleitet zu haben und mit ihr eine freundschaftliche Beziehung zu pflegen. Sie steht mit beiden Beinen im Leben und ist eine Ermutigung und ein Ansporn für ihre Mitmenschen, mit Jesus Christus zu leben und ihn nachzuahmen.

Ihre Stärke und ihre Sensibilität im Geist beruhen auf einer innigen Beziehung, die sie zu Gott pflegt. Sie hat ihre Identität von Gott, ihrem Vater, empfangen. Es gelingt ihr, uns zu veranschaulichen, wer wir als Kinder Gottes sind und was uns durch Jesus Christus zusteht: ein Erbe, das uns niemand nehmen kann.

Ihre erfrischende Ehrlichkeit nimmt uns in ihren spannenden Alltag hinein und zeigt uns Gottes Größe, Macht, Allmacht und bedingungslose Liebe zu seinen Kindern, die er durch das Sterben von Jesus Christus am Kreuz teuer erkauft hat.

Danke, Barbara, für deine Liebe zu Gott und den anderen Zeichenkindern!

Danke, dass du dein Herz und Leben mit uns teilst!

Danke für dieses Buch, es wird für viele Leser zu einem Schatz werden!

Anni Rothen
Pastorin GLZ St. Margrethen

EINLEITUNG

Jedes Mal, wenn ich Regenwolken über die Erde schicke, wird der Regenbogen in den Wolken zu sehen sein.
1. Mose 9, 14

Es gibt Menschen, die denken, Gott hätte die Welt vergessen. Ihre Welt. Seine Versuche, dem Menschen nahe sein zu wollen, sehen sie nicht. So setzt er sogar den Regenbogen als Zeichen der Versöhnung sichtbar für alle in den Himmel, aber die Menschen schenken ihm keine Beachtung. Immer wieder schickt er Zeichen unter die Menschen - Zeichen, die bereits eingetreten sind und andere, die noch kommen werden, aber zu viele haben sie nicht als solche erkannt.

Was qualifiziert mich, dieses Buch zu schreiben? Ich habe weder eine Ausbildung, die mich auszeichnet, noch habe ich einen bekannten Namen. Das Einzige, was mich qualifiziert, etwas über die Zeichenkinder sagen zu können, sind meine Gespräche mit Gott. Das Buch, das du in deinen Händen hältst, erzählt von Einsichten in die geistliche Welt und von den drei stärksten Kräften - Glaube, Hoffnung und Liebe. Ich möchte dir diese Kräfte aus einer Perspektive zeigen, die du so vielleicht noch nie gesehen hast. Ich möchte dir von übernatürlichen Erlebnissen und Geheimnissen berichten, die ich entdeckt habe. Ich möchte dir aufzeigen, was deine Vergangenheit mit deiner Bestimmung zu tun hat und dir deutlich machen, dass dein Leben für die jetzige Zeit eine überaus wichtige Bedeutung hat.

Vielleicht hört sich das eine oder andere neu für dich an, aber glaube mir, es war immer schon da. Es gibt Dinge, die uns verschlossen bleiben, wenn wir uns nur vom Verstand her leiten lassen – und es gibt Dinge, die uns in ein Chaos hineinführen, wenn wir uns nur auf Empfindungen ausrichten. Wir Menschen wurden als Geist, Körper und Seele geschaffen.

Es wäre einiges einfacher, könnten wir Gott vertrauen. Doch das Vertrauen vieler ist gebrochen und in den Grundfesten erschüttert. Gott, der Vater, ist den Menschen fremd geworden und damit auch dieses tiefe, sichere Vertrauen. Wir haben uns zu einer vaterlosen Gesellschaft entwickelt. Abwesende leibliche Väter erzeugten und verfestigten das Bild eines abwesenden Gottes. Eines Gottes, der die Welt vergessen zu haben scheint. Doch da gibt es Zeichen in deinem Leben, Zeichen, die dir zeigen, dass Gott Vater immer ganz nah an deiner Seite war.

Ich kann deinen Zorn, wenn schmerzhafte Erinnerungen hochkommen, sehr gut nachempfinden. Situationen, in denen du dich vollkommen alleine, verletzt und schutzlos zurückgelassen gefühlt hast. Ich biete dir an, all diese nicht verstandenen Erlebnisse einmal zur Seite zu legen. Lass dieses Nichtverstehen los und befreie dich.

Komm mit mir mit, ich möchte dir ein paar Geheimnisse zeigen.

Gleichzeitig möchte ich dich vorwarnen: Ich werde dich herausfordern, aber gleichzeitig nicht überfordern! Ich hoffe das ist okay? Durch das Weiterlesen wirst du einige Dinge besser verstehen, vielleicht erkennen und bestenfalls annehmen können. Ich glaube, dass dir dieses Buch helfen wird, deine Bedeutung und Bestimmung deutlicher zu sehen. Auf den folgenden Seiten liefere ich dir eigentlich nur die Wegbeschreibung, den Weg gehen, musst du selbst! Du wirst das schaffen, ich habe es auch geschafft!

Als Person empfinde ich mich oft wie ein Skalpell. Es liegt mir, Dinge sehr präzise herauszuschneiden. Natürlich weiß ich, dass ein Desaster entsteht, wenn das Skalpell in den falschen Händen liegt. Das Skalpell liegt aber in den vertrauensvollen Händen Gottes, und er ist es auch, der es führt! Auf den folgenden Seiten habe ich versucht zu formulieren, was mir auf dem Herzen brennt.

Ich erhebe nicht den Anspruch, es fehlerfrei gemacht zu haben, aber ich habe dieses Buch mit einer leidenschaftlichen Liebe zu Gott und zu den Menschen geschrieben. Mein Problem besteht nicht darin, nicht zu wissen, wovon ich schreibe, sondern vielmehr darin, es so klar zu formulieren, dass ich nicht missverstanden werde. Es ist mein aufrichtiger Herzenswunsch, dich zu stärken und zu ermutigen. Ich hoffe, dass mir das gelungen ist.

KAPITEL 1

MEINE SEITE DER GESCHICHTE

Denkt nur nicht, ihr wärt aus eigener Kraft und Anstrengung reich geworden. Erinnert euch vielmehr daran, dass es der Herr, euer Gott, ist, der euch die Kraft gibt, Reichtum zu erwerben. Denn er erfüllt den Bund, den er mit euren Vorfahren schloss und der jetzt noch gilt.

5. Mose 8, 17-18

Ich bin eine „Mischkultur" aus Glaube und Liebe, mit Schwerpunkt Hoffnung. Nun, wenn es nach mir gegangen wäre, hätte ich lieber eine ausgewogenere Kombination und ausgewogenere Schwerpunkte gehabt. Auch einiges weniger an Schmerz hätte ich vorgezogen, aber Gott hat mich nicht gefragt. Ist vielleicht auch besser so. Eigentlich war ich ein aufgewecktes und neugieriges Mädchen.

Mein Lieblingsplatz war in Papas Kunstschmiede. Da gab es einen hohen, gepolsterten orangefarbenen Bürodrehstuhl mit Lehnen, nur für mich. Von dort aus hatte ich den besten Überblick über das kreative Reich meines Papas. Er war ein großgewachsener, kräftiger Mann mit braunem Haar und Vollbart. Seine Hände waren riesig, und wenn er mit der rechten Hand den schweren Hammer hob, um das glühende Eisen zu formen, dass er in der Linken mit einer Schmiedezange festhielt, wirkten sie noch mächtiger. Er hatte ein markantes, aber gleichwohl sehr schönes Gesicht. Seine braunen Augen waren schmale Öffnungen, die einen eigenwilligen Blick für das Schöne besaßen.

Er war ein unabhängiger Freigeist und Künstler, nie hat es ihn gekümmert, was die Leute redeten. In der Welt der Kunst fand seine eigenwillige Persönlichkeit Raum zum Atmen. Diese Welt gefiel mir, sie schien ein wahrer Ort der Freiheit zu sein. Dieser besondere Ort öffnete sich für mich dort in der Schmiede, wenn ich beobachtete, wie Papa mit seinen weichen Händen das starre Eisen in seine Vorstellung zwang. Dieses starke Material schien unter seinen Händen zu warmem, schmiegsamem Wachs zu werden.

In der Schmiede war es immer warm. Manchmal war es richtig heiß. Dann trug Papa seine braune Lederschürze auf dem nackten Körper. Wir lachten beide darüber, vor allem, wenn verdutzte Kundschaft in die Werkstatt trat.

Die große Schiebetüre der Werkstatt stand meist offen. Durch die wenigen seitlichen Fenster trat nur schwaches Licht. Sie waren voll von schwarzem Ruß, der von den Kohlen in der Esse herrührte. Ich liebte diesen Geruch von Feuer und glühendem Eisen. Ich höre noch das rhythmisch metallene Hämmern in meinen Ohren, wenn er dann das glühende Eisen aus dem Feuer zog, auf den Amboss legte und es mit dem Schmiedehammer formte. Oder das Zischen des Wassers, wenn er das orange-glühende Stück Eisen ins Wasserbad tauchte.

So gegensätzlich, wie die Elemente Feuer und Wasser, mit denen er arbeitete, so gegensätzlich war er in seinem Wesen. Manchmal aggressiv, spannungsgeladen und unberechenbar, ein anderes Mal in sich gekehrt, philosophisch, voller Sehnsucht und sanft. Ich spürte seine seelische Zerrissenheit. Darin fühlte ich mich ihm auf besondere Weise nah. Er war wie ein mächtiges Pendel, das von einer Seite zur anderen ausschlug und bis zuletzt seine Mitte nicht fand. Bis zum Schluss hat er seinen Schatz nicht ausgegraben. Der Teufel hatte die Erde darüber bereits festgetreten.

Ich spürte, dass er in wenigen Tagen sterben würde und ich mich für immer verabschieden musste. Er war erst siebenundsechzig Jahre alt und bitter geworden. Die tiefe Ablehnung gegen sich selbst und uns hatte sich längst in Selbstzerstörung gewandelt. Es war schwer für mich, seine Bitterkeit und den tiefen Hass dahinter auszuhalten. Den Papa, den ich als dreijähriges Mädchen geliebt hatte, gab es schon lange nicht mehr. Ich war bereits zum vierten Mal Mama geworden und inzwischen zweiunddreißig Jahre alt.

Als ich fünfeinhalb Jahre alt war, ist Mama mit uns drei Kindern weggegangen. Ich habe nie mehr auf dem orangenen Bürodrehstuhl mit Lehne gesessen. Es folgten unzählige Nächte der Angst, in denen wir nicht wussten, ob seine ausgesprochenen Drohungen wahr werden würden. Irgendwann hörten die traurigen Telefonate und die nächtlichen Drohbesuche auf. Der Riese hatte sich schlafen gelegt und es wurde still. Viele Jahre sollten vergehen, ohne dass er nach mir fragte.

Schleichend geriet ich in seine Vergessenheit. Er auch in die meine. Als Teenager hörte ich davon, dass er sich ein kleines Häuschen auf seine geliebte Schmiede gebaut hatte. Das, nachdem er jahrelang in einer schäbigen, zehn Quadratmeter großen Baracke gehaust hatte. Er war einsam, ich auch. Doch ich wusste nichts von seinem Alleinsein. Und er wahrscheinlich auch nichts von meinem. Die jahrelange Einsamkeit und das viele Trinken hatten ihn unnahbar werden lassen.

Ich erinnere mich noch daran, wie er auf seinem schwarzen Bürodrehstuhl mit Rädern saß und mich mit seinen braunen Augen umarmte. „Barberli, du bist gekommen?"

„Ja, ich wollte dich gerne sehen. Möchtest du Noemi im Arm halten?" Versöhnlich streckte ich ihm unser süßes Baby entgegen. „Oh nein, dann mach' ich ihr noch weh." Sein Blick fiel auf seine großen Handinnenflächen, die er öffnend in meine Richtung drehte. „Nein, nein", versicherte ich ihm und legte sie ihm in den Arm. Er hob sie sogleich zu seinem Gesicht hoch und drückte ihr Köpfchen an seine Wange. Wie zärtlich er doch sein konnte! So wollte ich ihn in Erinnerung behalten.

Vor mir saß ein gebrochener Mann, der sich nach Liebe sehnte und sie doch nie annehmen konnte. „Ich wollte dir sagen, dass ich dir alles vergeben habe, Papa!", erklärte ich, während ich ganz nah bei ihm stand. Tränen füllten seine Augen, als er zu mir aufblickte. „Mmh, und die anderen?" „Niemand von uns trägt dir etwas nach. Es ist okay, wir haben dir alle schon längst vergeben!"

Einige Minuten lang war Stille. Ich nutzte die Zeit, um mich umzusehen. Ein Haufen Medikamente lag durcheinander auf dem hölzernen Küchentisch ausgebreitet. Unzählige Rotweinflaschen lagen ohnmächtig herum, wenige standen. Viele Flaschen waren bereits leer, Gläser gab es keine.

„Wann wirst du wieder Geschichten schreiben? Du weißt doch, das ist Kunst!" Seine Augen wurden für einen kurzen Moment wacher und es war mir, als ob ich eine gewisse Leidenschaft in ihnen aufflackern sah. „Ich habe schon längst aufgehört zu schreiben, ich habe nichts mehr zu sagen", entgegnete ich, und diese besondere Verbindung zwischen uns war schlagartig wieder da. „Manchmal schreibt die Zeit neue Geschichten." Seine Augen lächelten jetzt. „Manchmal, vielleicht", entgegnete ich. Wir sprachen noch einen Augenblick miteinander, bevor ich mich aufmachte, zu gehen. Er legte mir Noemi zurück in die Arme und bat: „Sehen wir uns wieder?" Ich umarmte ihn in dem Bewusstsein, dass es das letzte Mal sein würde und antwortete: „Sicher, sicher Paps!" An der Tür warf ich ihm einen letzten Blick zu. Er saß da und lächelte zufrieden. Ich lächelte zurück und zog die Tür langsam auf. Als sie hinter uns ins Schloss fiel, hauchte ich: „Im Himmel." Tränen quollen aus meinen Augen, und damit ließ ich ihn für immer los. Nur dieses Lächeln blieb.

Die Nachricht überraschte mich nicht und doch schmerzte sie sehr. Papa starb vier Tage später. Er erstickte an seinem eigenen Blut und war, wie immer, allein. Ein grauenvoller, einsamer Tod. Ich bin davon überzeugt, dass er die letzten Augenblicke seines Lebens nutzte, um mit Gott seinen Frieden zu machen. Wenn die Angst so unerträglich dicht wird, wie in diesem Ringen mit dem Tod, fällt einem der Name Gottes mit Sicherheit wieder ein. In seinem Leben fiel ihm nicht nur die Nähe zu Menschen schwer, auch die Nähe zu Gott brauchte Aussöhnung. Ich denke, er hat diese Chance genutzt.

Die Polizei hatte seinen Leichnam mitgenommen. Nur eine große Blutlache auf dem Plattenboden in der Küche zeigte, wo er gelegen hatte. Als ich das Blut sah, überwältigte mich erneut eine Welle von tiefer Traurigkeit und Scham. Der unerträglich süße Geschmack des Blutes lag noch immer wie eine klebrige Dichte in der Luft, und auch der Tod war noch spürbar. Ich begann, das Blut aufzuwischen und spürte dabei die Genugtuung der bösen Geister, die sich dicht an mich drängten. Manuel, mein Mann, schob mich zur Seite. „Geh nach draußen. Ich werde sein Blut wegmachen!" Er putzte alles alleine. Irgendwie verrückt, doch mit dem Wegwischen dieses Blutes löste sich auch die Scham auf.

Mein Papa hatte den Schatz seines Lebens leider nicht gefunden. Ich war auf dem besten Weg, es ihm gleichzutun. Mit zwölf Jahren hatte ich ein besonderes Erlebnis. Heute weiß ich, dass es eine Vision meiner Zukunft war:

Ich stand im Zimmer meiner fünf Jahre älteren Schwester und schaute aus dem Fenster, als ich plötzlich fiel. Ich schlug rücklings mit dem Kopf auf dem Zimmerteppich auf. Sogleich sank ich in einen Wachtraum. Mit weit aufgerissenen Augen lag ich da.

Ich sah einen schmalen und einen breiten Weg, die voneinander wegführten. Eine tiefe Felsenkluft trennte diese beiden Pfade voneinander. Die schmale Straße war gesäumt von farbenprächtigen Blumen. Sie führte an einen wundervollen See, an dem sich viele Menschen befanden. Sie waren fröhlich und ihr Gelächter schwappte zu mir herüber. Ich befand mich auf dem breiten Weg. Es gab keinen, der vor oder hinter mir ging. Auf diesem Pfad lagen kleine, spitze Steine, ähnlich wie Scherben. Am Wegrand sah ich leere Alkoholflaschen, volle Zigarettenschachteln, Joints und Tabletten liegen. Ich sammelte sie alle ein und steckte sie in einen Sack. Ich trug keine Schuhe und meine Füße schmerzten von den spitzen Steinen, die sich in meine Fußsohlen bohrten. Doch ich ging weiter und das Lachen auf der anderen Seite war nicht mehr zu hören.

Es kam mir vor, als ob sich diese unterschwellige Traurigkeit nun vollends in mir ausbreitete. Ich trat an eine Spritze heran und sah weißes Pulver, das in eine kleine durchsichtige Kunststofffolie eingewickelt war. Lange schaute ich dieses Zeug an. Irgendwann hob ich es hoch und wollte es gerade in den Sack stecken, als ich meinen Namen hörte. Ich sah, dass auf dem schmalen Weg eine Person stand, die zu mir herüberschaute und meinen Namen rief. Doch noch deutlicher spürte ich diese Liebe, die von dieser Person ausging. Ich ließ die Kunststofffolie mit der Spritze aus der Hand gleiten und auf den Boden fallen. Dann wachte ich auf.

Ich fand mich auf dem Zimmerteppich meiner Schwester wieder, die sich aufgebracht über mich beugte. Ihre großen Augen wurden noch größer. „Du bist plötzlich weggekippt und auf dem Boden aufgeschlagen!" „Alles in Ordnung", meinte ich und setzte mich auf.

Es folgten drei Jahre, in denen ich intensiv „leichte" Drogen konsumierte. Nicht alleine, wir waren ein vierblättriges Kleeblatt: drei Mädchen und ein Junge. Alle hatten ihre Geschichte. Bald schlich sich Heroin in unsere Mitte und zerriss das Kleeblatt. Ich war gerade fünfzehn Jahre alt geworden und hatte dieses weiße Gift noch nie gespritzt. Doch der Tag kam, an dem ich es versuchen wollte. Jemand wärmte mir das weiße Pulver in einem Löffel auf. Ich hatte bereits den Arm abgebunden und wartete am offenen Fenster auf meine Ration. Die Sicht aus dem Fenster gab den Blick auf die Straße frei, die am Haus vorbeiführte. Ich schaute auf den Asphalt hinunter und entdeckte einen jungen Mann, der die Straße herunterschlenderte.

Bald erkannte ich, dass es mein großer Bruder war. Er war der Mensch, an dem ich am meisten hing. Was er sagte oder tat, war für mich von besonderer Bedeutung. Unsere Blicke trafen sich nur einen kurzen Augenblick. Seine Lippen bewegten sich nicht, doch es war mir, als ob er meinen Namen rief. Da war sie plötzlich wieder, diese Vision, die ich längst vergessen hatte. Ich riss den Bändel vom Arm und rannte los, die Treppe hinunter ins Freie. Heute weiß ich, dass es die Liebe zu meinem Bruder war, die mich von diesem Ort weggeführt hatte.

An meinem Lebensstil des Drogenkonsums hatte sich vorerst nicht viel geändert. Ich experimentierte nicht nur mit Drogen, sondern auch mit Spirituellem, am liebsten alleine.

In dieser Zeit wurde das dunkelste Kapitel meines Lebens geschrieben. Ich trieb mich auf Friedhöfen herum und verlor mich in der Finsternis. Gefallene Engel waren meine ständigen Begleiter. Sie gaben mir ein Gefühl des Schutzes und der Macht. Das scheue Mädchen in mir hatte ich längst abgelegt, und damit alles Zerbrechliche. Ich war sehr aggressiv und bereit, mich gegen jeden zur Wehr zu setzen. Bei der kleinsten Reizung schlug ich zu. Ich fürchtete mich vor niemandem und glaubte nicht, dass es einen liebenden Gott gab, der nach mir suchte. Zuviel Grauenhaftes hatte ich in meinem kurzen Leben gesehen.

Ich wusste wohl, dass es einen Gott geben musste, denn ich wusste auch, dass es Satan gab. Doch ich fühlte mich zutiefst abgelehnt von diesem Gott. Ich war überzeugt davon, dass er mich vergessen und schutzlos im Stich gelassen hatte. So konzentrierte sich mein tiefer Hass auf diesen Gott, bei dem ich keine Liebe und keinen Schutz finden konnte. Damit tauchte ich nun endgültig in die Finsternis ab. Oft trat ich mit meinem Geist aus dem Körper heraus und wanderte suchend umher. In dieser Zeit erlebte ich viele außerkörperliche Phänomene. Dabei bemerkte ich nicht, dass Satan die Erde über meiner Hoffnung bereits festgedrückt hatte. Er begrub sie buchstäblich und legte mir dabei die Schaufel in die Hand.

Ich hatte einen starken Drang zur Zerstörung in mir. Alles, was mir zu nahe kam, wurde abgelehnt und zurückgestoßen. Der Drang nach Selbstzerstörung entwickelte sich im Eiltempo. Satan wollte mich töten, bevor ich erkannte, wie viel ich Gott bedeutete. Die Geister, die mich einst schützten, stellten sich gegen mich. Meine Hoffnung reichte nicht einmal mehr aus, um am Leben bleiben zu wollen. So entschied ich mich, dem Ganzen ein Ende zu setzen. Doch ich überlebte. Ich kann nicht sagen, dass das Leben danach erträglicher geworden wäre, denn die Todessehnsucht blieb.

Mit zwanzig Jahren zeigte mir Gott seine Liebe durch eine alte Frau, die ans Bett gefesselt war – immer und immer wieder, bis mein Herz bereit war, sich Gottes Seite der Geschichte anzuhören. Ich verstand, dass ich zwanzig lange Jahre lang einer Lüge geglaubt hatte, denn Gott hatte mich nicht vergessen, und genau so wenig hat er dich vergessen! Vielmehr war es so, dass durch all den Schmerz, der sich in meinem Herzen angehäuft hatte, eine dicke Mauer entstanden war, die mich unempfänglich für seine Liebe machte. Ich werde nie vergessen, wie sich diese alte Frau, trotz meiner Ablehnung ihr gegenüber, nicht davon abhalten ließ, sich meinem Herzen zu nähern, bis sie nahe genug herangekommen war, um die Liebe Gottes über die Mauer meines Herzens zu werfen. So zeigte mir Gott seine Seite der Geschichte.

Vielleicht wurde bis heute auch deine Geschichte nur von einer Seite aus betrachtet. Wenn du bereit bist, die andere Seite anzuschauen, habe ich dir hier ein Gebet aufgeschrieben, das du laut aussprechen kannst.

Gott Vater, ich möchte dich kennenlernen. Ich möchte deine Liebe erfahren. Vieles von dem, was ich erlebt habe, verstehe ich nicht, aber ich gebe dir die Erlaubnis, mir nahe zu kommen. So nahe, dass ich in der Lage bin, deine verändernde Liebe zu fühlen. Ich bitte dich, komm und begegne mir. Ich glaube, dass du mir helfen kannst und in der Lage bist, diese Dunkelheit in meinem Herzen zu vertreiben. Du zeigst deine Liebe in Jesus, deinem Sohn. Ich glaube, dass er am Kreuz für mich gestorben ist. Dadurch hast du es erst möglich gemacht, dass ich mich mit mir selbst, meinem Nächsten und mit dir, Gott, versöhnen kann. Durch verschiedene Umstände bin ich schuldig geworden, gegenüber mir selbst, meinem Nächsten und dir, Gott. Danke, dass du mich befreist von dieser drückenden Schuld und mir vergibst. Jesus, sei mein Erlöser und Herr. Ich übergebe dir jetzt mein Leben mit allen Sorgen, Umständen, Krankheiten, Schmerzen, Ängsten, Ungerechtigkeiten und aller Schuld. Nimm mich an deine Hand und leite mich. Ich gebe dir meine Scham und meine Bedeutungslosigkeit und nehme Würde und Bedeutung aus deinen Händen. Bitte komm und erzähle mir deine Seite der Geschichte. Ich glaube, dass du mit meinem Leben Geschichte schreiben kannst. Eine ganz persönliche wundervolle Story. - Amen.

KAPITEL 2

BESCHLEUNIGUNG

Als Kind einer Alkoholiker-Familie erkannte ich schnell, dass es für mich nur einen Weg gab, diesem Irrsinn zu entkommen. Meine persönliche Strategie, zu überleben, war simpel: Werde schnell erwachsen und demonstriere mit Worten deine Macht. Die konstante Ohnmacht, nagte an meiner Persönlichkeit, wie Ungeziefer an einem jungen Baum. Es war nicht nur ein vermeintlich sozialer Makel, der an meiner Seele haftete, es gab noch einen anderen, weitaus größeren, den ich zu verbergen suchte. Schon als kleines Mädchen sah ich in eine andere Welt hinein. Gefallene Engel, die meinen Papa gebrauchten, um Gewalt und Terror in die Familie hineinzubringen. Als wäre dieses häusliche Chaos nicht schon genug, schüchterten mich diese Gestalten noch auf einer zusätzlichen Ebene ein und verunsicherten mich zutiefst. Nie habe ich an der Existenz böser Geister gezweifelt. Wie könnte ich, denn ich habe sie mit eigenen Augen gesehen. Diese Dunkelheit war grausam und dicht, und ich wusste nichts von einem Lichtschalter.

An dieser Stelle möchte ich sagen, dass ich nicht die bösen Taten von Menschen verharmlose oder gar entschuldige, vielmehr möchte ich zeigen, dass die unsichtbare geistliche Welt in die sichtbare hineindrückt und Menschen quälen, missbrauchen und beherrschen kann. Ich erlebte viele verrückte, übernatürliche Dinge, die mir absolut aufzeigten, dass da eine böse Macht ganz nah war. Diese Dinge isolierten mich noch mehr. Es gab niemanden, der mich verstanden hätte. Zwanzig Jahre dauerte es, bis ich den Lichtschalter fand.

Ich kämpfte nicht nur mit einem tiefen Schmerz, der sich wie ein Schatten über meine Seele legte, sondern gleichzeitig drückte eine Berufung auf mein Leben, die ich nie wollte oder suchte. So beschloss ich als junge Frau, sie 15 lange Jahre wegzuschließen. Diese Zeit des Schlummerns beschleunigte die Gabe um ein Vielfaches. Nicht etwa um meinetwillen, sondern vielmehr, weil wir in eine Zeit hineinkommen, in der Gott alle Gaben beschleunigt. Denn die Bestimmung, die auf jedem von uns liegt, schiebt uns unweigerlich in diesen Kampf hinein. Genau für diese Zeit hat Gott dich und mich vorbereitet und erdacht. Es ist kein Zufall, dass du lebst. In den Schwierigkeiten deiner Vergangenheit liegt der Schatz deiner Bestimmung verborgen. Damit meine ich, dass die stärksten Schmerzen deiner Vergangenheit die Erde über deinem Schatz festgetreten haben. Das Leben ist dein persönliches Kampffeld, und bei Jesus ist dein persönlicher Sieg bereitgelegt! Niemand kann für dich kämpfen, denn es ist dein Kampf. Niemand wird für dich den Sieg abholen! Du musst selbst den Weg gehen. Viele glauben, wir könnten uns zurücklehnen und einfach den Sieg ausrufen. Dies wäre aber nicht der Weg, den Jesus uns gezeigt hat. Er hat im Glauben gekämpft, durch Hoffnung überwunden und in Liebe gewirkt. Sein Weckruf geht um die Welt! Es ist Zeit, aus den Verstecken hervorzukommen, die Waffen aufzuheben und den Krieg zu gewinnen: deinen Krieg!

Schlachtruf

Wir leben in einer Zeit, in der ständig irgendwo auf der Welt Krieg herrscht. Bilder des Grauens lassen unseren Atem stocken und uns in einem Gefühl von Ohnmacht versinken. Schreckliche Bilder erreichen unser friedliches Zuhause durch das digitale Fenster der Welt. So wird uns das Gefühl vermittelt, nur Zuschauer auf der Bühne der Macht zu sein. Doch eigentlich stehen wir alle mittendrin. Lass mich das erklären. Es ist offensichtlich, dass du den Grauen des Krieges nicht ausgesetzt bist, und doch befindest du dich in einem Krieg. Die meisten von uns Zuschauern haben ein eigenes, friedliches Zuhause, und doch bricht ein erbitterter Krieg unzählige Familien auseinander. Verletzte und gebrochene Herzen auf allen Seiten. Wir verhungern nicht und doch sind unsere Seelen ausgemergelt und verlangen nach Glauben, Hoffnung und Liebe. Wir müssen nicht um unser Leben fürchten und doch schlägt das rücksichtslose Schicksal zu und trifft uns mit voller Wucht, sodass einige unter uns um ihr Leben kämpfen müssen. Das, was wir sehen, ist lediglich das schreckliche Sichtbare. Dahinter steht aber eine geballte unsichtbare Realität! Alles, was wir an Sichtbarem erkennen, hat den Weg über das Unsichtbare genommen.

Ich möchte dich hineinnehmen in die wahrscheinlich schrecklichste Schlacht, die sich in der Geschichte des Alten Testaments ereignet hat. Schrecklich darum, weil Gott selbst seine Zorneshand gegen ein Volk erhoben hatte. Sein Volk. Nur aus einem einzigen Grund hat er die Mauern des Schutzes von seinem Volk abgetragen – um es zur Umkehr zu bewegen! – Das Gerichtswort Gottes (seine Ansicht vom Geschehen) hatte nie das Ziel, zu vernichten, obwohl Jesaja ein Bild der totalen Zerstörung des Weinbergs entwirft. Sein Gerichtswort will zur Umkehr bewegen, damit der Mensch wieder auf den gerechten Weg zurückfindet. Das Gerichtswort wird dort zum Heilswort, wo Menschen sich vom Bösen abwenden. Viel Zeit ist vergangen seit jenen Tagen, doch die Schlacht ist dieselbe geblieben. Gott hat sich nicht verändert. Er trägt auch in unseren Tagen die Mauer des Schutzes von unseren Leben ab. Er verfolgt immer noch das gleiche Ziel. Umkehr! Ich möchte dir vorschlagen, diese folgenden Verse aus Jesaja 5, 26-30 einmal aus einer prophetischen Sicht zu lesen.

Er gibt den fernen Völkern ein Zeichen. Er pfeift sie von den Enden der Erde zusammen und sie werden schleunigst herbeieilen. Keiner von ihnen wird müde werden und niemand wird stolpern. Sie werden sich weder Schlaf noch Ruhe gönnen. Kein Gürtel wird sich lockern, kein Schuhriemen zerreißen. Ihre Pfeile werden spitz, die Bogen gespannt sein. Die Hufe ihrer Pferde werden hart sein wie Kieselsteine, die Räder ihrer Streitwagen schnell wie ein Wirbelwind. Ihr Gebrüll gleicht dem der

Löwen, sie werden knurren und sich auf ihre Beute stürzen. Sie werden sie festhalten und es wird niemand da sein, der sie ihnen entreißt. Dann wird ein Tosen über sie hinwegfegen wie von einer Sturmflut. Wenn man zur Erde blickt, wird man Finsternis und Bedrängnis sehen. Die Sonne wird durch Wolken verfinstert sein.

Jesaja 5, 26-30

Der Prophet Jesaja spricht hier von einem starken Gegner, der schnell, kraftvoll und allezeit wach ist. Einem Gegner, der immer bereit ist, scharfe Pfeile abzuschießen, da all ihre Bogen bereits gespannt sind. Sie scheinen keine Schwäche zu kennen und von übernatürlicher Kraft zu sein. Finsternis ist ihre Deckung, denn wo sie auftauchen, wird das Licht durch ihre Wolken verdunkelt. Sie fallen zu einer Zeit in das Land ein, in der große Angst herrscht. Wer ist dieser Feind?

Dieser Feind, der hier auf der Erde auf uns angesetzt wurde, kommt aus der Finsternis, damit wir durch diese Bedrängung hindurch zur Umkehr gelangen. Viele können dies nicht verstehen, aber Gott hat uns in eine Schlacht gegen diesen geistlichen Gegner geschickt, der seit dem Sündenfall seine Herrschaft hier auf Erden hat. Seit diesem Zeitpunkt ruft uns Gott zurück zu ihm. Er ruft uns zurück in seine Gemeinschaft. Wir führen Krieg gegen böse geistliche Mächte.

Selbst der Sohn Gottes wurde in diese Schlacht hineingeschickt und siegte für uns alle! Doch wir sind immer noch hier und stehen mitten auf dem Schlachtfeld. Gott hat die Menschheit den Mächten der Finsternis ausgesetzt mit dem einen Ziel, uns zur Umkehr zu bringen! Wir versuchen über unseren Verstand zu begreifen, weshalb Gott so handelt und werden dabei immer wieder mit der Warum-Frage konfrontiert. Die Warum-Frage ist eine Kreisfrage, die uns nicht weiterführen wird, und stattdessen nur unsere Unverständigkeit nährt. Die Frage: „Wozu?" führt uns hingegen auf die Straße der Freiheit. Ich habe einige sehr schwierige Dinge durchlebt, wie du vielleicht auch. Gerade deshalb weiß ich, dass nur eine Wozu-Frage die Richtung zum Ziel zeigt und uns an das Ziel bringen wird. Religiosität hat uns mehr geschwächt, als wir zugeben wollen. Einige glauben nicht an die Realität von bösen Mächten oder unterschätzen deren Kraft, andere überschätzen ihre eigene Autorität und wieder andere glauben, immun gegen böse Mächte zu sein! Aber nur weil etwas für das Auge nicht sichtbar ist, heißt das noch lange nicht, dass es nicht existiert. Hass im Herzen kann lange unsichtbar bleiben! Bis zu jenem Tag, an dem der Hass durch eine grausame Tat sein Gesicht zeigt!

> *Denn wir kämpfen nicht gegen Menschen aus Fleisch und Blut, sondern gegen die bösen Mächte und Gewalten der unsichtbaren Welt, gegen jene Mächte der Finsternis, die diese Welt beherrschen, und gegen die bösen Geister in der Himmelswelt.*
> **Epheser 6, 12**

Böse Mächte sind real, auch wenn du sie vielleicht nicht siehst! Schau einmal in dein eigenes Leben! Was siehst du? Natürlich müssen wir zwischen einer offenen Tür, die wir bösen Mächten öffnen, und einem Frontalangriff unterscheiden. Das sind zwei total unterschiedliche Situationen, die aber beide starke Auswirkungen auf unser Leben haben können. Für die eine Situation tragen wir Eigenverantwortung, und zwar, indem wir die Tür, die wir selbst geöffnet haben, auch selbst wieder schließen! Böse Mächte finden jede offenstehende Tür in deinem Leben. Wenn ich von einer offenen Tür spreche, spreche ich nicht von Besessenheit, sondern von einem Mangel an Selbstbeherrschung. Ich werde auf dieses wichtige Thema später genauer eingehen! Bei einem Frontalangriff hingegen müssen wir lernen, richtig zu reagieren. Frontalangriffe treffen uns unverschuldet. Ich weiß: Gott möchte uns vor Frontalangriffen schützen. Er redet mit uns und schickt uns Engel, die uns beschützen oder uns warnen. Leider haben viele verlernt, im Lärm der Welt auf Signale von Gott zu hören. Wir müssen lernen, auf sein Reden zu reagieren! Zeichenkinder sind in der Lage, die Stimme von vier verschiedenen Geistern zu hören: die Stimme des Heiligen Geistes, die Stimme eines Engels Gottes, die Stimme des eigenen Geistes und die Stimme eines gefallenen Engels. Es ist sehr wichtig, unterscheiden zu können, welche Stimme zu uns spricht.

Auf die Unterscheidung werde ich in einem späteren Kapitel detaillierter eingehen. Denn nur, wenn wir wissen, wem diese Stimme gehört, können wir das Gesagte richtig einordnen und reagieren.

Es herrscht Kriegszustand und wir stehen mittendrin! Böse Mächte machen sich die Angst zunutze, zeigen darin ihr wahres Gesicht und lachen in die Welt hinein. Sie knechten die Menschen und halten sie in Dunkelheit.

Gleichzeitig erhebt sich das Gesicht des Glaubens. In demselben Maße aber, wie sich die Angst zeigt, zeigt sich auch der Glaube! Schmerz entfaltet sich in seiner ganzen Grausamkeit. Dem gegenüber steht lebendige Hoffnung! Lieblosigkeit hat viele Menschen verletzt, doch ein Heer von Liebesträgern macht sich auf, um verwundete Herzen zu verbinden. Unsere größten Waffen in diesem Krieg sind Glaube, Hoffnung und Liebe, die Liebe aber ist die Stärkste von ihnen. Es ist wichtig zu wissen, dass du über die besten Voraussetzungen verfügst, um aus diesem Kampf als Sieger hervorzugehen!

> *In dem Jahr, als König Usija starb, sah ich den Herrn. Er saß auf einem hohen Thron und war erhöht und der Saum seines Gewandes füllte den Tempel. Über ihm schwebten Seraphim, jeder hatte sechs Flügel! Mit zwei Flügeln bedeckten sie ihre Gesichter, mit zweien ihre Füße und mit dem dritten Paar flogen sie. Sie riefen einander zu: „Heilig, heilig, heilig ist der Herr, der Allmächtige! Die Erde ist von seiner Herrlichkeit erfüllt!"*
> **Jesaja 6, 1-3**

Diese Verse sind ein Ausschnitt aus einer Vision. Jesaja war ein Mann, der sich im Übernatürlichen bewegte. So können wir davon ausgehen, dass das, was er sah, eine verlässliche geistliche Realität war, beziehungsweise heute noch ist. Vielleicht muss an dieser Stelle erwähnt werden, dass Jesaja der „König" unter den Propheten war. Seine Aussagen hatten unglaubliche Wucht und außergewöhnliche Tiefe! Er war nicht nur ein sehr gebildeter Mann, der eine besondere Stellung unter dem damaligen König Hiskia genoss, sondern er stammte auch aus einer sehr vornehmen Familie. Was er sagte, hatte Gewicht und Einfluss. Und zwar nicht vorrangig wegen seiner besonderen gesellschaftlichen Stellung, sondern vielmehr, weil er außergewöhnlichen Einblick in die geistliche Welt hatte. Er erzählt hier von einer Vision, in der er sah, wie Gott im Himmel auf dem hohen und erhabenen Thron Platz genommen hatte. Was für ein besonderes Bild malt uns dieser Prophet hier. Mit diesem Bild beschreibt er Gottes Allmacht und Heiligkeit. Sogar die Seraphim (Engel Gottes) beschreibt er, und zwar so, dass man erahnen kann, wie heilig Gott tatsächlich sein muss. Dieses Bild des Tempels taucht im Neuen Testament erneut auf.

> *Erkennt ihr denn nicht, dass ihr der Tempel Gottes seid und dass der Geist Gottes in euch wohnt?*
> **1. Korinther 3, 16**

Diese Verse verdeutlichen, was im Unsichtbaren passiert, wenn wir den Herrschaftswechsel vollziehen und von der Finsternis ins Licht getreten sind. Viel zu wenige Menschen wissen, dass der Mensch bereits versklavt ist, wenn er auf die Welt kommt. Er wird in das Herrschaftsgebiet der Finsternis hineingeboren. Jesus nimmt in dem Moment auf dem Thron unseres Lebens Platz, in dem wir das Herrschaftsgebiet der Finsternis verlassen und das Herrschaftsgebiet des Lichts betreten. Weil das Licht aber nur in uns anbricht, leben wir weiterhin im Herrschaftsgebiet der Finsternis. Die Finsternis ist aber nicht mehr in uns, sondern um uns herum. Durch das Eintreten ins Licht wird das Königreich Jesu Christi in uns aufgebaut! Er hat das Lösegeld bezahlt und uns von der Sklaverei der Finsternis freigekauft. Deshalb beansprucht er nun unseren Körper als Tempel, wo sein Thron steht. Dadurch, dass Jesus auf dem Thron unseres Selbst Platz nimmt, bricht eine Zeit der Heiligkeit und Autorität in unserem Leben an. Gleichzeitig aber ist es auch unsere Verpflichtung, unser Selbst bereitwillig in den Dienst für Gott zu stellen.

> *Dieses Rufen ließ die Fundamente der Vorhalle erzittern und der Tempel wurde mit Rauch erfüllt. Da sagte ich: „Mir wird es furchtbar ergehen, denn ich bin ein Mann mit unreinen Lippen, inmitten eines Volkes mit unreinen Lippen. Ich werde umkommen, denn ich habe den König, den Herrn, den Allmächtigen, gesehen!"*
> Jesaja 6, 4-5

Eine geistliche Erschütterung geht durch die Welt. Menschen erkennen, dass sie arm, blind und nackt sind! Bedürftig, ohne Verständnis und selbstgerecht! Wie Jesaja sagen sie: Weh mir, ich vergehe.

> *Doch einer der Seraphe flog zu mir, er hielt ein Stück glühende Kohle in seiner Hand, das er mit einer Zange vom Altar genommen hatte. Damit berührte er meinen Mund und sagte: „Sieh, dies hat deine Lippen berührt. Jetzt ist deine Schuld getilgt; deine Sünden sind dir vergeben."*
> Jesaja 6, 6-7

Ein neues tiefes Bewusstsein der Umkehr kommt uns zur Hilfe. Reue entwickelt ihre ganze Kraft und wird ein zentraler Eckpfeiler der letzten Zeit! Wir erkennen, dass wir großen Mangel leiden. Mangel an Glauben, an Hoffnung und an Liebe! Wir erkennen, in welch jämmerlichem Zustand wir uns befinden! Wir begreifen, wie weit entfernt wir vom Kreuz stehen!

> *Dann hörte ich den Herrn fragen: „Wen soll ich senden? Wer wird für uns gehen?" Und ich sage: „Hier bin ich, sende mich."*
> **Jesaja 6, 8**

Sein Ruf geht um die Welt. Er hält Ausschau nach Menschen, die willig sind. Er fragt uns: Wirst du für mich gehen? Bringst du mein Licht in die Dunkelheit der Angst, des Schmerzes und der Lieblosigkeit hinein? Vertreibst du ihre Angst und stärkst du ihren Glauben? Gehst du für mich an die Orte des Schmerzes, um ihre Wunden zu versorgen? Ein Meer von Söhnen und Töchtern antwortet: Hier bin ich, sende mich!

KAPITEL 3

LICHT IST STÄRKER

„Steh auf und leuchte! Denn dein Licht ist gekommen und die Herrlichkeit des Herrn erstrahlt über dir."
Jesaja 60, 1

Die Welt, in der wir leben, ist voll von Licht, das uns hauptsächlich von der Sonne geschickt wird. Im ganzen Universum gibt es unendlich viele Sonnen, doch die Distanz zu unserer Erde ist zu groß. Darum sehen wir sie nur als Lichtpunkte. Licht umfasst ein Spektrum von Farben des Regenbogens. Die Farben werden jedoch erst sichtbar, wenn das Licht durch ein Prisma aufgespalten wird. Über die Augen sind wir fähig, dieses Licht und das Farbspektrum wahrzunehmen.

Wenn Lichtstrahlen in das Auge eintreten, sehen wir entweder die Lichtquelle selbst oder aber den Gegenstand, von dem die Strahlen zurückgeworfen werden. Damit wird deutlich, dass Licht entweder selbstleuchtend ist oder aber auf einen Gegenstand trifft und diesen reflektiert.

Jesus Christus ist selbstleuchtend, und die ganze Schöpfung reflektiert dieses Licht. Wenn Jesus Christus in uns wohnt, tragen wir dieses selbstleuchtende Licht in uns. Finsternis entsteht nur dort, wo Licht fehlt. Somit ist klar: Wo selbstleuchtendes Licht ist, kann keine Finsternis sein!

Wenn Jesus, das Licht, nun in uns wohnt, kann keine Finsternis in uns sein. Licht ist immer stärker! Egal, wie dunkel es um dich wird. Egal, wie schwach dein eigenes Licht zu leuchten scheint und wie ohnmächtig du dich fühlst. In dir ist Licht! Ein Schatten fällt nur dort, wo ein Körper lichtundurchlässig ist.

> *(JESUS) der aufgefahren ist in den Himmel zur Rechten Gottes sitzt, und dem Engel, Gewalten und Mächte untergeordnet sind.*
>
> **1.Petrus 3, 22 (Klammer hinzugefügt)**
> **NeueLuther 2009**

In der unendlichen Weite des Universums befinden sich, außerhalb unserer sichtbaren Welt, verschiedene himmlische Ebenen gleichzeitig. Nehemia nennt den Ort, an dem der Thron Gottes steht, Himmel aller Himmel (siehe Neh. 9, 6). Jesus Christus ist die Macht gegeben über alle Engel, Gewalten und Mächte. Zwei Drittel der Engel dienen Gott, während sich ein Drittel für den Feind entschieden hat. Einige Engel dienen den Menschen auf der Erde, andere befinden sich unmittelbar in Gottes Nähe. Es gibt zwei mächtige Führer: Michael und Gabriel (siehe Dan. 10, 13). Luzifer ist der dritte mächtige Führer, doch dieser hat sich aufgrund seines Stolzes erhoben und ist vom Himmel gefallen (siehe Hes. 28,14-19).

Sind sie nicht alle dienstbare Geister, ausgesandt zum Dienst für die, die das Heil erben sollen?
Hebräer 1, 14 NeueLuther 2009

Die Engel Gottes sind dienstbare Geister, die von Gott ausgesandt wurden, um uns auf unterschiedliche Art und Weise zu dienen. Einige Engel sind Boten und überbringen Nachrichten, andere überbringen Wunder. Wieder andere transportieren unsere Gebete. Andere erwecken die fünf Sinne.

Es war an einem lauen Spätsommerabend im August 2013. Ich lag im Bett und dachte über die vergangene schwere Zeit nach. Ich befand mich noch immer inmitten eines schwierigen Prozesses, der nach dem ischämischen Hirnschlag andauerte, den ich am 21. Juni desselben Jahres erlitten hatte. Mit Menschen in Beziehung zu treten, fiel mir besonders schwer. Ich hatte zwar keine sichtbaren äußerlichen Einschränkungen, und doch stand die Welt in mir buchstäblich Kopf. Ich hatte eine ausgeprägte Konzentrationsschwäche, und wenn es ein passendes Bild für meine Hirnfunktion gäbe, würde es so aussehen, als ob man Wasser in ein Nudelsieb gießen würde. Das Schwierige dabei war nicht nur, dass ich in einem Gespräch dem Zusammenhang nur schwer folgen konnte. Besonders entmutigend war, dass ich den Zugang zur Sprache allmählich zu verlieren begann.

Meine größte Leidenschaft gehörte schon immer der Sprache. Meine erste Kurzgeschichte kam zustande, als ich gerade einmal das ABC schreiben konnte. Als Teenager kam ich durch veröffentlichte Kurzgeschichten zu meinem Taschengeld und als junge Frau verdiente ich

Geld, indem ich bei einer Lokalzeitung Berichte ablieferte. Worte waren meine Welt und nun hatte ich schon die größte Mühe damit, den einfachsten Satz zu formulieren. Ich war mit meiner Hoffnung am Ende und ahnte noch nicht, dass es eigentlich der Anfang von etwas wunderbar Neuem sein sollte.

Die Zeitlupe in meinem Kopf war für mich, den Wildfang, nervenzehrend. Manchmal auch mehr als das. Ich glaube, wenn Einsamkeit ein Gesicht hätte, wäre es das, sich nicht mehr mitteilen zu können. Wahrscheinlich entwickelte ich deshalb in dieser Zeit eine besonders enge Beziehung zu Gott. Schon seit Wochen verbrachte ich täglich Zeit damit, mir vorzustellen, was Gott wohl gerade machte und was er sich gedacht hatte, als er mich, eine 39-jährige vierfache Mutter, nochmals so aus der Bahn warf.

Ich schloss mich für gewöhnlich in ein Zimmer ein und legte mich auf den Boden. Zunächst versuchte ich, mir krampfhaft vorzustellen, wie Gott wohl genau aussehen würde. Das wollte nicht so recht klappen. Also sagte ich mir, ich werde einfach nur ausgestreckt auf dem Boden liegend den Namen Jesus leise aussprechen. So lag ich rücklings im Raum und begann diesen Namen Jesus mit dem Ein- und Ausatmen zu kombinieren. Ich atmete durch die Nase ein und dachte bei mir, „Jesus in mir". Atmete aus und hauchte, „Jesus um mich". Rhythmisch wiederholte ich dies wieder und wieder. Irgendwann verstummten die Silben und diese Worte klangen nur noch innerlich nach.

Es dauerte eine ganze Weile, aber irgendwann fing ich an, seine Gegenwart körperlich zu spüren. Für jemanden wie mich, der sich eigentlich immer auf der Überholspur des Lebens bewegt hatte, war das zu Beginn eine ziemliche Herausforderung. Mit der Zeit brauchte ich keine Anlaufzeit mehr, sondern tauchte sogleich in diesen Frieden ein. Eine wundervolle Zeit des Heimkehrens folgte. Im Nachhinein bin ich der Ansicht, dass sich dieses körperliche Dilemma zu einer Chance entpuppt hatte. Ich denke, wenn ich voll im Leben gewesen wäre, hätte ich sie nie genutzt. Ich tat eigentlich nicht viel in diesen Zeiten mit Gott, ich sog einfach diese Fülle von Leben in mich auf. Ich wurde von Tag zu Tag glücklicher und heiler.

Obwohl ich schon knapp zwanzig Jahre um die Realität Gottes wusste, hatte ich nie solch eine Fülle oder einen derartigen Zugang zu ihm erlebt.

Ich konnte Manuel, der einen Stock höher im Büro saß und arbeitete, durch das offene Schlafzimmerfenster hören. Die weißen, langen Vorhänge wölbten sich im Wind und ich beobachtete, wie sich der feine Stoff geschmeidig bewegte. Dann sah ich etwas Erstaunliches. Wenn ich daran zurückdenke und die Erinnerung hochkommt, weiß ich, dass es Wirklichkeit war. Fünf Engel schwebten durch das offen stehende Fenster in mein Schlafzimmer. Ihre Körper waren anders als der Körper des Engels, der mich für gewöhnlich besuchte. Sie waren um ein Vielfaches kleiner, und ihre Körper kamen dem Schweif eines Sterns gleich. Sie brachten blaues Licht mit sich. Es war nicht so, dass sich der ganze Raum in dieses Licht tauchte, es waren vielmehr nur Lichtpunkte, die auf mich zuschwebten. Der erste kam ganz nah an mein Gesicht heran und hauchte meine Augen an, der zweite meine Ohren, der dritte meinen Mund, der vierte meine Nase und der letzte meine Hände. So schnell, wie sie durch das Fenster aufgetaucht waren, so schnell verschwanden sie wieder. Diese besondere Begegnung öffnete mir eine neue Tür. Doch zu diesem Zeitpunkt hatte ich keine Ahnung, was ihr Auftrag war, noch begriff ich, dass sie gerade alle fünf Sinne angehaucht hatten. Irgendwann schlief ich ein.

Erst am nächsten Tag bemerkte ich, dass durch dieses Erlebnis eine Zeit der Sensibilisierung angebrochen war. Jeder einzelne Sinn entwickelte sich, eine Zeit lang sogar sehr intensiv. Es schien einem Training gleichzukommen. Nach einigen Wochen normalisierte es sich wieder, nur das Hören und das Sehen blieben intensiv. Bis zu diesem Zeitpunkt hatte ich kein erweitertes Verständnis über diese fünf Sinne. Ich wusste darüber nicht mehr, als dass es fünf Sinnesorgane gibt, durch die der Mensch in Beziehung mit anderen Menschen treten kann. Dass diese Sinne noch eine zusätzliche Ebene öffnen können, und zwar die der Erfahrung der geistlichen Welt, davon wusste ich nichts.

Diese Begegnung war die Antwort auf das vorangegangene wochenlange Warten. Es schien mir, als ob ich dazu trainiert wurde, die geistliche Welt auf einer zusätzlichen Ebene wahrzunehmen, während ich mich körperlich in einer Zeit der großen Isolation befand.

Die fünf Sinnesorgane

Es ist faszinierend, sich vorzustellen, dass der menschliche Geist durch Sehen, Hören, Schmecken, Riechen und Fühlen in die Welt hinausgreifen und dadurch begreifen kann. Denn jeder Mensch ist zur Wahrnehmung befähigt. Durch die Sinnesorgane ist es dem Menschen überhaupt erst möglich, in Kontakt mit seiner Umgebung zu treten. Jedes Sinnesorgan ist ein Organ, das Wahrnehmungen in Form von Reizen erfassen kann. Diese Reize werden durch Nerven an unser Gehirn geleitet und dort verarbeitet. Unsere Wahrnehmung wird von Erwartungen, Stimmungen und momentanen Befindlichkeiten beeinflusst. Der Mensch sortiert die empfangenen Wahrnehmungen - beeinflusst von subjektivem Interesse und subjektiver Erwartung.

Jeder Mensch verfügt über fünf Sinnesorgane. Den Sehsinn, den Gehörsinn, den Geschmackssinn, den Geruchssinn und den Tastsinn. Es kann sein, dass durch eine Behinderung oder einen Unfall gewisse körperliche Sinne schwach ausgebildet sind oder sogar ganz ausgefallen sind. Doch ist bei diesen Menschen auffällig zu erkennen, dass ein anderer Sinn umso stärker entwickelt ist. Anscheinend haben sie durch ihre Einschränkung die besondere Fähigkeit entwickelt, einen anderen Sinn umso intensiver zu nutzen.

Durch eine Sensibilisierung dieser Sinne sind wir fähig, auf einer zusätzlichen Ebene die geistliche Welt zu begreifen und zu erfahren. Die Sinne geben uns durch den Körper die Möglichkeit, eine weitere Brücke zwischen der physischen und der geistlichen Welt zu schlagen. Ich möchte hier das Beispiel von radioaktiver Strahlung anführen, um zu verdeutlichen, was ich meine. Der menschliche Körper selbst enthält radioaktive Atome. Wir nehmen sie über die Atmung und die Nahrung auf. Unser Organismus kann offenbar mit einem gewissen Maß davon umgehen. Je nach Dauer, Stärke und Art der Strahlung sterben aber lebende Zellen ab. Durch Abschirmung kann sich der Mensch vor äußerlicher Radioaktivität schützen, beispielsweise beim Röntgen, wenn einzelne Körperteile mit einer Bleischürze von der energiereichen Strahlung abgeschirmt werden. Radioaktive Strahlung können wir mit unseren Augen nicht wahrnehmen. Wir können sie auch nicht hören oder auf unserer Haut spüren. Radioaktive Strahlung kann nicht über die Nase oder gar über den Mund wahrgenommen werden. Ist die Strahlung jedoch zu intensiv, verändert sie das Erbgut und kann langfristig Krebs oder eine andere Krankheit auslösen.

Ich möchte dieses Beispiel von radioaktiver Strahlung gebrauchen, um die Verunreinigung der fünf Sinne zu veranschaulichen. Oft ist es so, dass wir die Verunreinigung der fünf Sinne nicht spüren. Der Mensch ist grundsätzlich negativen Informationen ausgesetzt. Offenbar sind der Geist und die Seele imstande, mit einem gewissen Maß an solchen Informationen umzugehen. Wenn jedoch negative Informationen an Dauer, Stärke und Art zunehmen, stirbt die Fantasiefähigkeit ab. Das große Problem hierbei ist, dass die Sinne, die mit negativen Informationen gespickt sind, die Fantasie zerstören und pervertieren.

Eine gesunde Fantasie befähigt den Menschen jedoch erst dazu, geistliche Bilder und Visionen zu sehen.

Gehörsinn

Mittels des Gehörs können wir Schallwellen wahrnehmen. Schallwellen sind Wellen, die sich in der Luft ausbreiten. Wir können diese Wellen in der Luft nicht sehen, und doch sind sie da.

Fällt zum Beispiel ein Gegenstand herunter, wird die Luft verdrängt und gleichzeitig verdichtet. Dadurch dehnt sich die Schicht des hohen Luftdrucks in alle Richtungen aus und es entsteht ein Geräusch. „Radioaktive Strahlung", die unseren Gehörsinn angreift und deformiert, besteht unter anderem aus negativem, destruktivem und aggressivem Gerede, welches man hört oder selbst ausspricht - oder aber aus negativer, destruktiver und aggressiver Musik. Was hast du alles an Streit und Schimpfwörtern mitangehört? Welche aggressiven Worte haben Streit und Aggression bei dir ausgelöst? Kannst du dir vorstellen, dass dadurch der Gehörgang verklebt und deformiert wird und somit unbrauchbar wird, um die Stimme des Heiligen Geistes oder eines Engels zu hören?

Es ist so, als ob wir durch negative Worte, Geräusche und Klänge geistlich schwerhörig werden! Einige bewusst, andere noch unbewusst! Einige mehr, andere weniger. Kinder verfügen noch über eine gesunde Fantasie, bis diese mehr und mehr von den negativen Dingen, denen sie ausgesetzt sind, deformiert wird. Eltern haben eigentlich die Pflicht, ihre Kinder nach Möglichkeit zu schützen und ihren positiven Einfluss auf sie geltend zu machen. So sollten Eltern ihre Kinder durch aufbauende und motivierende Worte stärken; ihre Fehler und Schlagseiten nicht bloßstellen, sondern an sie glauben und sie freisetzen. Alles, was der Mensch hört, sieht, spürt, schmeckt und riecht, prägt und formt seine Fantasie. Ein erwachsener Mensch kann leichter mit Verunreinigung umgehen als ein Kind. Damit will ich sagen, dass ein Erwachsener sich besser vor Dingen schützen kann, die ihm nicht guttun. Alles, was wir hören, sickert über den Gehörsinn in unseren Geist und in unsere Seele hinein. Entweder richtet uns das Gehörte auf oder es reißt uns nieder, oder aber es ist neutral. Wären wir uns dessen bewusst, würden wir achtsamer mit unseren eigenen Worten umgehen. Denn was wir aussprechen, schafft eine Atmosphäre und fällt somit auch wieder auf uns selbst zurück.

Wenn du erkannt hast, dass du deinen Gehörsinn bewusst verunreinigt hast, biete ich dir an, folgendes Gebet laut auszusprechen:

Vater Gott, bitte vergib mir, dass ich meinen Gehörsinn bewusst verunreinigt habe. Ich bitte dich, Jesus, reinige du diesen Sinn mit deinem kostbaren Blut, damit ich wieder in der Lage bin, in einer Atmosphäre des Lebens zu sein. Ich entscheide mich vor der sichtbaren und unsichtbaren Welt, durch meine Worte Frieden zu stiften und zu ermutigen. Ich entscheide mich, mich selbst und andere durch meine Worte weiterzubringen, aufzubauen und freizusetzen. Danke,

Jesus Christus, dass du mir hilfst und mich jetzt freigesetzt hast. Dein Wort wird nun wieder frei in meinen Geist hineinsprechen können, und ich bin nun wieder in der Lage, deine Stimme deutlich zu hören. - Amen.

Sehsinn

Im Auge gibt es eine Netzhaut, die aus etwa 130 Millionen Sehsinneszellen besteht. Diese sind in zwei Bereiche unterteilt. Der eine Bereich ermöglicht uns, schwarzweiß zu sehen, damit wir uns in der Dämmerung zurechtfinden können, und mit dem anderen Bereich werden Farben wahrgenommen. Unser menschliches Linsenauge ist ein komplexes Sinnesorgan. Es ist so komplex und perfekt, dass es sehr viel Vorstellungsvermögen braucht, um zu dem Schluss zu kommen, dass es durch schrittweise Evolution entstanden sein soll.

Auch hier ist die Frage: Was sehen wir uns an? Immer wieder wundere ich mich darüber, dass Menschen sich gerne Horror- und Psychothriller anschauen. Ist der Mensch nicht bereits durch das Leben genug schrecklichen Dingen ausgesetzt? Wozu muss er sich noch zusätzlich solch künstliche Grausamkeiten und Ängste in sein Zuhause holen? Wir gestalten die Atmosphäre auch durch das, was wir betrachten. Wieviel Brutalität lassen wir durch die Medien in unsere Seele sickern? Was haben wir an Gewalt und Grausamkeiten gesehen? Was mussten wir vielleicht mitansehen, weil wir diesen Dingen einfach ausgesetzt waren? Welche Perversionen haben wir durch Bilder in unsere Seele gelassen? Was sehen wir uns bewusst oder unbewusst an? Zerstörerische Bilder formen unsere Fantasie, nähren Ängste, verschieben unsere Schmerzgrenze und liegen dann auf dem Grund unserer Seele. Ich denke, dass dies unsere von Gott gegebenen Visionen verschleiert. Es trübt unsere ansonsten scharfe Sicht für geistliche Bilder.

Wenn du erkannt hast, dass du deinen Sehsinn bewusst verunreinigt hast, biete ich dir an, folgendes Gebet laut auszusprechen:

Vater Gott, bitte vergib mir, dass ich meinen Sehsinn bewusst verunreinigt habe. Ich bitte dich, Jesus Christus, reinige du diesen Sinn mit deinem kostbaren Blut, damit ich wieder in der Lage bin, Bilder, Visionen und Träume zu haben, die mich näher zu dir bringen. Ich entscheide mich vor der sichtbaren und unsichtbaren Welt, meine Fantasie zu schützen, damit ich jegliche Angst und Grenzüberschreitungen einordnen und aufdecken kann. Danke, Jesus Christus, dass du eine gesunde Fantasie in mir wiederherstellst. - Amen.

Geruchssinn

Die Nase hat grundsätzlich zwei umfangreiche Funktionen. Zum einen können wir über die Nase atmen. Die kalte Luft, die wir einatmen, wird erwärmt und angefeuchtet. Die Luft versorgt den Körper mit Sauerstoff und somit mit Leben. Zum anderen nehmen wir über die Nase Gerüche wahr. Hast du auch schon bemerkt, dass du deinen eigenen Körpergeruch gar nicht mehr wahrnimmst, andere jedoch schon? Vielleicht riechst du dein eigenes Parfüm schon gar nicht mehr, weil sich deine Nase daran gewöhnt hat, andere Menschen nehmen es jedoch wahr.

Vielleicht hast du ein bewusst gelebtes Unrecht über längere Zeit toleriert, und dabei nicht gemerkt, dass dieser Gestank die ganze Atmosphäre um dich herum verdunkelt hat. Vielleicht ist dir dabei nicht einmal aufgefallen, dass du den Geruchssinn mit dem Gestank so betäubt hast, dass du das Unrecht selber nicht mehr riechst oder siehst. Ich denke, wenn dieser Sinn vergiftet ist, ist es dem Menschen - wenn überhaupt - nur noch schwer möglich, den göttlichen Frieden wahrzunehmen und in der göttlichen Gegenwart Ruhe für die Seele zu finden.

Wenn du erkannt hast, dass du deinen Geruchssinn bewusst verunreinigt hast, biete ich dir an, folgendes Gebet laut auszusprechen:

Vater Gott, bitte vergib mir, dass ich meinen Geruchssinn bewusst verunreinigt habe. Ich lege jetzt diese bewusst gelebte Ungerechtigkeit von __________ ab. Ich bitte dich, Jesus Christus, reinige du diesen Sinn mit deinem kostbaren Blut, damit ich wieder in der Lage bin, den verheißenen Frieden deiner Gegenwart in meiner Seele, meinem Geist und meinem Körper zu erleben. Ich bekenne vor der sichtbaren und unsichtbaren Welt, dass mein Leben dazu beitragen soll, eine Atmosphäre des Glaubens, der Hoffnung und der Liebe in meinem Umfeld zu erschaffen. - Amen.

Tastsinn

Die Haut ist das größte Organ des Menschen und gleichzeitig die Oberfläche des Körpers. Die Haut nimmt Berührungen wahr und ist fähig, die Umgebungstemperatur zu spüren. Die Haut ist ein Schutzorgan. Sie beschützt den Organismus vor Eindringlingen wie Krankheitserreger, vor Verletzungen und von Flüssigkeitsverlusten und Strahlenschäden. Zudem hilft sie, wenn auch in schwachem Maße, bei der Sauerstoffgewinnung. Auch über den Tastsinn ist zu sagen, dass er Verunreinigungen ausgesetzt ist und abspeichert. Erlebte oder gelebte Gewalt, welcher Art auch immer, Schläge oder Missbrauch, der Tastsinn vergisst nichts. Dadurch wird dieser Sinn stumpf oder sogar betäubt und kann geistliche Manifestationen nicht oder nur bedingt wahrnehmen. Auch die Nähe zu Menschen und zu Gott kann der missbrauchte Tastsinn nur schwerlich zulassen.

Wenn du erkannt hast, dass du deinen Tastsinn bewusst verunreinigt hast, oder dass er von jemand anderem bewusst verunreinigt wurde (zum Beispiel durch Missbrauch), biete ich dir an, folgendes Gebet laut auszusprechen:

Vater Gott, bitte vergib mir, dass ich meinen Tastsinn bewusst verunreinigt habe. Wenn er von jemand anderem bewusst verunreinigt wurde (beispielsweise durch Missbrauch oder Schläge) bitte ich dich, Jesus Christus, um Heilung. Ich bitte dich, Jesus, dass du mich von allem Unrecht reinigst, welches mein Körper erleben musste. Ich bitte dich, Jesus, heile und reini-

ge diese vergifteten, körperlichen Erinnerungen durch dein Blut. Ich bekenne vor der sichtbaren und unsichtbaren Welt, dass ich meinen Tastsinn schützen werde. Ich bin nun wieder in der Lage, Gottes Gegenwart an meinem Körper zu spüren und seine Nähe wahrzunehmen. Gleichzeitig trete ich in die Freiheit, Menschen nahe an mich herankommen zu lassen. - Amen.

Geschmackssinn

Zu guter Letzt noch zum Geschmackssinn. Die Zunge verfügt über sogenannte Geschmacksfelder, mit welchen verschiedene Geschmacksrichtungen wahrgenommen werden können. So dient ein Teil der Zunge dazu, bitteren Geschmack wahrzunehmen, ein anderer hingegen kann Saures schmecken. Ein dritter Bereich dient zur Erkennung von Salzigem und ein vierter Bereich schmeckt Süßes. Viele Süchte, die der Mensch über den Mund auslebt, verunreinigen diesen Sinn.

Grundsätzlich ist zu sagen, dass natürlich alle Süchte die fünf Sinne durch einen pervertierten vorgetäuschten Frieden betäuben und belügen. Der Geschmackssinn dient jedoch in besonderem Maße der Befriedigung. Beispiele dafür sind der übermäßige Genuss oder das absichtliche Erbrechen von Nahrung, maßloses Trinken von Alkoholika, Medikamentenmissbrauch, das Inhalieren oder Konsumieren von giftigen Substanzen. Schlechtes und Zerstörerisches auszusprechen gehört ebenfalls dazu. Ich glaube, dass die Verunreinigung dieses Sinnes Auswirkung auf die grundsätzliche Wahrnehmung der geistlichen Welt hat. Es ist so, als würde diese Wahrnehmung betäubt, gedämpft oder manipuliert. Dadurch wird grundsätzlich unsere Fähigkeit, mit Gott in Beziehung zu treten, eingeschränkt.

Wenn du erkannt hast, dass du deinen Geschmackssinn bewusst verunreinigt hast, biete ich dir an, folgendes Gebet laut auszusprechen:

Vater Gott, bitte vergib mir, dass ich meinen Geschmackssinn bewusst verunreinigt habe. Ich bitte dich, Jesus Christus, dass du mich reinigst von aller Ungerechtigkeit und Selbstzerstörung, welche ich über meinen Mund ausgeübt habe. Ich bitte dich, Jesus Christus, erlöse mich von der Sucht (beispielsweise Lästern oder Rauchen) und befreie mich endgültig von ihr. Bitte reinige mein Herz, damit ich mit meinem Mund deine Güte glaubwürdig weitertragen kann. Ich bekenne vor der sichtbaren und unsichtbaren Welt, dass alles Zerstörerische, das ich über meinen Mund ausgelebt habe, hier und jetzt ein Ende hat. Ich werde meinen Mund dazu gebrauchen, die Güte Gottes in die Welt hinauszutragen. Ich danke dir, Jesus, dass ich nun wieder in der Lage bin, die geistliche Welt wahrzunehmen. - Amen.

Wie ich schon erwähnt habe, ist der Mensch durch die Gesetzmäßigkeit der Welt Verunreinigungen ausgesetzt. Bewusste Verunreinigung kann nur durch Umkehr gereinigt werden; unbewusste Verunreinigung durch das Blut Jesu. Die Sinne durch das Blut Jesu zu reinigen, nenne ich „geistliche Hygiene". Stell dir vor, dass du deine fünf

Sinne durch das kostbare Blut Jesu reinigst. Du kannst dir richtig bildlich vorstellen, wie das Blut Jesu zum Beispiel deinen Gehörgang säubert. Probiere es einmal aus und am Besten gleich täglich - genauso, wie bei der körperlichen Hygiene!

An dieser Stelle ist es absolut wichtig, dass erlangte Erkenntnis nur dann brauchbar ist, wenn sie auf Demut gegründet ist! Erkenntnis ohne Demut nährt den Stolz und bläht auf. Vergessen wir nie: Wir sind erlöst und brauchen immer wieder diese Art von Erlösung. Gaben sind grundsätzlich dazu da, Menschen zu helfen, näher zu Gott zu kommen.

Die Hierarchie

Kehren wir wieder zurück zu den Aufgaben der Engel. Es gibt Engel, die zum Schutz unseres Lebens geschickt werden und die helfen, Unglück abzuwenden. Sie erhöhen den Schutz.

> *Denn er hat seinen Engeln über dir befohlen, dich auf allen deinen Wegen zu behüten, dich auf den Händen zu tragen, damit du deinen Fuß nicht an einen Stein stößt.*
> **Psalm 91, 11-12 NeueLuther 2009**

Es gibt Engel, die konstant um den Thron Gottes stehen und ihn anbeten. Es gibt auch mächtige Kriegsengel, die für uns kämpfen. Manche Menschen denken, sie müssten selbst kämpfen und überschätzen ihre Autorität. Zum Beispiel beschimpfen sie Satan in ihren Gebeten und glauben, sie hätten in der geistlichen Welt etwas Positives bewirkt. Ich behaupte mal: Außer, dass sie durch ihre Dreistigkeit die Aufmerksamkeit der gefallenen Engel auf sich gezogen haben, haben sie gar nichts erreicht. Wir sind Geistwesen und wohnen für eine gewisse Zeit in einem Körper hier auf der Erde. Wir sind, einfach ausgedrückt, an unseren irdischen Körper gebunden; aber nicht nur daran, sondern auch an die Gesetzmäßigkeit der Erde. Da wir Geistwesen sind, haben wir Zugang zur geistlichen Welt, sind aber an eine gegebene Hierarchie gebunden. Wer das nicht akzeptieren kann, wird die eine oder andere schmerzhafte Erfahrung machen müssen.

Dabei hat es nicht einmal Michael, einer der mächtigsten Engel, gewagt, den Satan im Streit um den Körper von Mose zu verspotten. Er sagte nur: ***„Der Herr bestrafe dich.“*** (Judas 9)

Wenn sogar der Erzengel Michael es nicht wagte, den Teufel zu lästern, wie viel mehr dürfen wir es nicht wagen, den Teufel zu lästern! Der Erzengel Michael wusste, dass er damit seine Autorität überschreiten würde. Jesus Christus allein wird strafen, denn nur er hat diese Autorität bekommen! Unsere Gebete müssen hin zu Jesus Christus gehen, denn nur er hat die Autorität! So bleiben wir auch unter seinem Schutz. Darum sollten wir unsere Bitten nicht an Gottes Engel richten und schon gar nicht böse Mächte ansprechen oder gar beschimpfen!

Ich habe nie den Kontakt zu Engeln gesucht. Ich war und bin auf den dreieinigen Gott ausgerichtet. Ich sehne mich nach seiner Nähe und nach Begegnungen mit ihm. Was genau die Engel angezogen hat und anzieht, kann ich nicht sagen, nur erahnen. Ich denke, dass Gott sieht, dass ich Hilfe brauche! Ich persönlich glaube, das ist der Grund. Es macht mich traurig, wenn ich sehe, wie Menschen auf Engel fixiert sind. Der Mensch sucht nicht mehr die Beziehung zu Gott, er will lieber übernatürliche Dinge erleben. Er sucht nicht die Versöhnung mit Gott, sondern will lieber einen übernatürlichen Kick.

Weiß der Mensch denn nicht, wie übernatürlich Gott ist? Alle Engel, denen ich begegnet bin, hatten etwas gemeinsam: Sie haben keine Seele! Engel haben keine Seele und keinen irdischen Körper. Sie sind Geistwesen, die nicht sterben können. Das gilt auch für in Sünde gefallene Engel. Satan und seine gefallenen Engel können nicht sterben. Gottes Engeln wirklich nahe zu sein, ist nicht möglich. Natürlich ist Nähe ein dehnbarer Begriff.

Viele von uns leben in Beziehungen. Aber dürfen uns andere Menschen wirklich nahe kommen? So nahe, dass sie sogar unsere Schwächen spüren?

Nun, wenn ich mit dem Heiligen Geist spreche, ist Tiefe möglich. Er ist die dritte Person der Gottheit, ihm ist es möglich, uns Menschen auf allen drei Ebenen – Körper, Seele und Geist – nahe zu kommen. Tiefe Beziehung zu leben, ist nur mit Gott möglich, nicht aber mit Engeln! Deswegen erstaunt mich diese Sehnsucht der Menschen nach den Engeln so sehr. Die Nähe zu Gott soll unser Ziel sein. In Beziehung mit ihm zu leben, ist unser höchstes Glück! Keine Begegnung mit Engeln hat meinen Schmerz geheilt oder meinen Charakter verändert! Begegnungen mit Engeln haben mich beeindruckt, bewahrt und zugerüstet – ja, klar – aber nicht den Charakter verändert oder in eine tiefere Beziehung zu Gott geführt!

Beziehung zu leben, ist für uns Menschen anspruchsvoll. Dies sehen wir, wenn wir uns menschliche Beziehungen betrachten. Ehen, Eltern-Kind-Beziehungen, Geschwisterbeziehungen, Freundschaften, Nachbarschafts- oder Geschäftsbeziehungen. Diese verschiedenen Ebenen von Beziehungen fordern uns heraus. Sobald wir uns jedoch in solche Beziehungen hineingeben, machen sie uns stark und glücklich. In einer Beziehung leben wir entweder Nähe oder Distanz. Unsere Haltung gegenüber unserem Nächsten ist entweder verbindend oder trennend. Es gibt nur diese zwei Richtungen. Ich nehme mein Gegenüber an oder ich lehne es ab. Wenn ich den Menschen erzähle, dass ich zwei Stunden am Stück mit Gott verbringe, stellen sie selten Fragen. Erzähle ich jedoch von Begegnungen mit Engeln, werde ich mit Fragen gelöchert. Warum verstehen wir nicht, dass wir die größte Erfüllung nur in Gottes Gegenwart finden. Zeit mit dem Heiligen Geist zu verbringen, ist viel spannender, als ein kurzer Besuch eines Engels. Abba Vater sehnt sich so nach uns! Natürlich ist es wundervoll zu wissen, dass uns Engel zur Seite stehen, die unsere Werke im Verborgenen vorantreiben. Ich glaube sogar, dass sie mehr arbeiten als wir, wenn es um die Fruchtbarkeit in unserem Leben geht. Doch sie sind und bleiben dienende Geister, deren Ziel es ist, Gottes Reich voranzubringen. Wir alle haben eine bestimmte Anzahl von Engeln zugeteilt bekommen. Vielleicht wirst du sie niemals sehen oder hören, aber sie sind da. Sie halten sich in deiner unmittelbaren Nähe auf. Ob du es glaubst oder nicht, sie tragen deine Gebete zu Gott, sie schützen dein Leben, sie bringen Salbung und Wunder zu dir und sie erwecken neue Dinge in deinem Leben. Sie haben die Funktion eines Trägers oder Überbringers. Sie dürfen aber nie angebetet werden! Nur Gott allein soll unsere Anbetung erhalten.

Ich erlebe Engel immer mit einem sehr hohen Heiligkeitspegel! Im Gegensatz zu uns scheinen sie keinem Verfallsdatum zu unterliegen. Mit anderen Worten, viele von ihnen sehen aus wie Menschen, sind aber nicht der Sünde ausgeliefert. Sie sind keinem Zerfall ausgesetzt. Natürlich sehen nicht alle Engel aus wie Menschen, aber jene, die mit mir sprechen schon. Meistens höre ich aber nur eine Stimme und sehe nichts.

> *„Was ist der Mensch, dass du an ihn denken, und der Sohn des Menschen, dass du für ihn sorgen solltest? Für eine kurze Zeit hast du ihn geringer als die Engel gemacht und hast ihn mit Herrlichkeit und Ehre gekrönt. Du hast ihm Vollmacht über alles gegeben." Wenn er ihm Macht über alles gegeben hat, dann gibt es nichts, worüber er nicht herrscht. Aber noch sehen wir das alles nicht. Doch Jesus sehen wir, der für eine kurze Zeit geringer als die Engel gemacht wurde und nun mit Herrlichkeit und Ehre gekrönt ist, weil er für uns den Tod auf sich nahm. Durch die Gnade Gottes hat Jesus für alle Menschen auf der ganzen Welt den Tod erlitten.*
>
> **Hebräer 2, 6-9**

Als Jesus am Kreuz hing, stellte er sich den Menschen gleich. Er verließ für uns seine Herrlichkeit. Allerdings war er keiner Macht unterworfen, denn niemand konnte ihm das Leben nehmen (siehe Joh. 10, 18). Er gab sein Leben aus freien Stücken! Als er am Kreuz hing, erniedrigte er sich für eine kurze Zeit unter die Engel. Während er auf der Erde wandelte, dienten ihm die Engel und somit ist keine Erniedrigung unter die Engel erkennbar.

Als er den Tod besiegte und auferstand, wurde ihm alles vollkommen unterstellt! Nun hat er Platz genommen auf dem Thron zur Rechten Gottes. Viele denken, die Engel wären niedriger als die Menschen. Wenn wir Hebräer 2, 6-9 anschauen, sehen wir etwas anderes. Jesus selbst sagt von sich, dass er im Leiden sogar für eine kurze Zeit niedriger war als die Engel. Durch das Leiden am Kreuz stellte sich Christus uns Menschen gleich. Bis zu dem Zeitpunkt, an dem Jesus Christus, der Auferstandene, in uns lebt, sind wir Menschen niedriger als die Engel. Durch das Annehmen seines Todes haben wir auch Anteil an seiner Auferstehungskraft.

KAPITEL 4

LERNE ZU UNTERSCHEIDEN

Zeichenkinder sind fähig, die Stimme von vier verschiedenen Geistern zu hören. Die Stimme des Heiligen Geistes, die Stimme eines Engels Gottes, die Stimme des eigenen Geistes und die Stimme eines gefallenen Engels (Dämon). Nur wenn wir wissen, welche Stimme zu uns spricht, können wir das Gesagte richtig einordnen und richtig reagieren.

Die Stimme des Heiligen Geistes

Meine Schafe hören auf meine Stimme; ich kenne sie, und sie folgen mir.
Johannes 10, 27

Wenn der Heilige Geist spricht, erkennt es der Hörende daran, dass es Worte der Erbauung, der Tröstung oder der Zurechtweisung sind! Das Ziel des Heiligen Geistes ist es, in uns die Kräfte des Glaubens, der Hoffnung und der Liebe zu fördern.

Am Anfang war das Wort. Das Wort war bei Gott und das Wort war Gott.
Johannes 1, 1

Gott selbst ist im Wort der Erbauung, des Trostes und der Zurechtweisung verborgen. Er ist der Schöpfer dieser Worte. Er spricht auf verschiedene Art und Weise zu unserem Geist, doch immer mit dem Ziel der Erbauung, des Trostes oder der Zurechtweisung. Wenn wir ein Wort hören, können wir es anhand dieser drei Grundpfeiler prüfen.

Natürlich spricht der Heilige Geist auch durch die Bibel zu uns - durch das Hören oder Lesen des Wortes Gottes. Auch die Bibel ist auf diese drei Grundpfeiler – Erbauung, Tröstung und Zurechtweisung – ausgerichtet. Viele denken, im Wort Gottes ginge es primär um den Menschen, doch es geht vorrangig um Gottes Ehre. Wenn du das Empfinden hast, dass er zu dir gesprochen hat, wird das Gehörte dich immer wieder zum Wort Gottes zurückführen. In unserer Zeit wird es keine Ergänzung zum Wort Gottes mehr geben. Eine Ergänzung ist der Beginn einer Irrlehre.

Ist in einem prophetischen Wort keine Erbauung, kein Trost oder keine Zurechtweisung enthalten, sei vorsichtig! Bleibt ein Gefühl von Angst, Zweifel, Entmutigung, Spaltung, Scham, Schuld oder Verwirrung zurück, ist es nicht von Gott! Wenn du ein Wort hörst, wie zum Beispiel: „Gehe dort hin und mache das und das", frage den Heiligen Geist: „Bist du es, der spricht, dann gib mir deinen Frieden." Warte auf den Frieden, der sich in dir ausbreiten wird, wenn das Wort wahr ist. Sei vorsichtig mit Gott-hat-mir-gesagt-Sätzen. So kann es sein, dass wir seinen kostbaren Namen durch seelisch motivierte Dinge missbrauchen, um die Bedeutsamkeit unserer Worte zu unterstreichen. Worte der Erbauung, des Trostes und der Zurechtweisung bringen genug Bedeutsamkeit mit sich, sodass der Hörende ohnehin spürt, dass Gott gesprochen hat!

Erbauung

Mit Erbauung sind Worte des Glaubens gemeint, die unseren Geist, unsere Seele und unseren Körper stark machen. Der Heilige Geist wird immer schöpferischen Glauben in uns wecken wollen. Er spricht glaubensvolle Worte in unseren Geist, unsere Seele und unseren Körper hinein, damit wir befähigt werden, Hindernisse der Angst, des Zweifels und des Misserfolgs zu überwinden. Wenn der Heilige Geist Worte der Erbauung zu uns spricht, ist darin immer das enorme Potenzial eines schöpferischen Glaubens enthalten.

Ich erlebe oft, wie der Heilige Geist Worte des Glaubens in meinem Herzen freisetzt. Von einem besonderen Wort möchte ich dir erzählen.

Es geschah während meines Spitalaufenthalts in der Neurologie im Juni 2013. Die Ärzte rätselten darüber, was mir fehlte. Nach Hirnwasserentnahme und weiteren Untersuchungen waren sie zu einem wankelmütigen Befund gekommen. Fünf weiß gekleidete Männer standen an meinem Spitalbett, und einer von ihnen meinte: „Frau Benz, wir haben wohl keine MS Erreger gefunden und doch denken wir, es ist der erste heftige Schub von MS, oder aber es könnte sich zu Parkinson entwickeln." Während ich in die Ärzterunde blickte, hörte ich den Heiligen Geist, der zu mir sprach: „Du wirst zurück ins volle Leben kommen. Lache mit mir über ihre Worte!" Ich kann nicht sagen, dass mir zum Lachen zumute war, aber es brach einfach aus mir heraus.

Plötzlich empfand ich es als überaus lustig, wie mich die Ärzteschaft verdutzt anstarrte. Die Aufmerksamkeit meiner drei älteren Bettnachbarinnen hatte ich ebenfalls. Ich konnte nicht aufhören zu lachen. „Frau Benz, haben Sie verstanden was ich gesagt habe?", wandte der Sprecher nun besorgt ein. Mit deutlichem Nicken gab ich zu verstehen, dass ich die Worte begriffen hatte. Doch ich konnte mich nicht zusammenreißen und brach erneut in Gelächter aus. Schließlich widersprach ich: „Also, ich habe weder MS noch Parkinson." Diese Worte konnte ich gerade noch aussprechen, bevor ich wieder vor Lachen zu prusten begann. Wahrscheinlich dachten sie, ich wäre mit dieser Diagnose seelisch überfordert. Sie verabschiedeten sich mit dem Satz: „Wir werden mit Ihrem Mann darüber sprechen, Frau Benz." Nach dieser Aussage überkam mich der nächste Lachanfall und ich kicherte noch einige Minuten weiter. Mit diesem Auslachen war der Glaube an eine freie, gesunde Zukunft angestiegen. Drei Monate später kam dann die richtige Diagnose, dass ich einen ischämischen Hirnschlag hatte.

Ja, es war ein mühevoller Weg, aber heute stehe ich wieder voll im Leben, so wie er es mir gesagt hatte!

Tröstung

Ich hatte viele Kümmernisse in meinem Herzen; aber dein Trost machte meine Seele froh.
Psalm 94, 19 NeueLuther 2009

Mit Tröstung sind Worte der fruchtbaren Hoffnung gemeint, die Leben spenden. Niemand kann so großartig trösten wie der Heilige Geist! Worte des Trostes bringen immer Heilung mit sich - körperliche, seelische und geistliche. Vom Heiligen Geist gegebene Worte der Hoffnung befähigen uns, Schmerz loszulassen. Sein Reden führt uns in die Vergebung. Viele denken, Trost wäre eine liebevolle Geste, um den Schmerz erträglicher zu machen. Gottes Trost strebt immer Heilung an und nicht das bloße Ertragen eines Schmerzes. Selbstmitleid ist ein pervertiertes Angebot des Trostes, das uns vom Feind dargeboten wird. Selbstmitleid reibt unsere Seele immer nur wieder an diesem Schmerz auf. Halten wir uns von Selbstmitleid fern, es ist Gift für unsere Seele!

Ich kann mich an die schönen Worte des Trostes in einer speziellen Situation erinnern. Nach sieben Jahren schwerer Depression war ich einfach so von dieser schrecklichen, tiefen Traurigkeit geheilt worden. Lange hatte ich auf diese Befreiung gewartet, ohne zu wissen, was der eigentliche Grund für diese Traurigkeit war. Mein Verstand hatte es vergessen, meine Seele nicht. Es war, als würde ich ein Fotoalbum zu Gesicht bekommen, von dessen Existenz ich keine Ahnung hatte. Ich sah mich als vierjähriges Mädchen, das sich fürchtete, weil es glaubte, sterben zu müssen. Ich war vier Männern schutzlos ausgeliefert. Als sie mit mir fertig waren, wollte ich nur noch sterben. Dieses Sterbenwollen schloss ich damals in meiner Seele ein. Daher auch diese schrecklichen Bilder und die Traurigkeit – bis zu diesem herrlichen Tag der Freiheit. Der Heilige Geist sprach zu mir, während er mir diese bis dahin fremden Bilder vor Augen führte: „Vergib ihnen, und dieser Schmerz wird gehen!"

Er forderte mich auf, den Männern diese Schuld zu erlassen, um dadurch selbst von diesem Schmerz befreit zu werden. Ich war entschlossen, dieses Gefängnis für immer zu verlassen und vergab ihnen ganz bewusst. Ich ging nie mehr zurück.

Später erkundigte ich mich bei meiner Mama nach einem dieser Männer. Sie sagte: „Papa hatte sich einmal sehr über diesen Mann gewundert. Als du etwa 4 Jahre alt warst, kam er zu ihm und war stark betrunken. Er sagte: ‚Ich missbrauche Kinder'. Papa dachte, er redet im Vollrausch wirres Zeug. Zwei Wochen später hatte der Mann sich erschossen." Schuld erdrückt den Menschen zu Tode!

Zurechtweisung

Höre auf guten Rat und nimm Zurechtweisung an, damit du für den Rest deines Lebens weise wirst.
Sprüche 19, 20

Mit zurechtweisenden Worten ist die Liebe gemeint, die zur Umkehr ruft und freisetzt. Worte der Liebe überführen und setzen frei. Worte der Liebe machen uns auf Sünde aufmerksam. Worte der Liebe ziehen uns näher zu Gott. Der Heilige Geist will jede Hürde der Sünde in unserem Leben überwinden, um uns nah zu sein. Wenn er spricht, ruft er uns immer näher in seine Gegenwart! Sein Zurechtweisen schafft immer mehr Nähe zu Gott! Es macht uns auf unsere Schuld aufmerksam und fordert uns zur Umkehr auf! Manchmal missverstehen wir Worte der Liebe, weil wir denken, sie müssten besonders lieb oder tolerant sein. Sicher wird der Heilige Geist uns nie bloßstellen, doch er wird uns immer mit der Sünde konfrontieren wollen, mit dem Ziel, uns zur Umkehr zu führen.

Bevor wir Worte der zurechtweisenden Liebe über andere Menschen aussprechen, müssen wir in einer sehr engen Beziehung zu Gott leben. Dieser Bereich des prophetischen Redens ist die Königsdisziplin. Worte der Liebe dürfen nie auf irgendeine Art manipulierend, beherrschend oder einschüchternd formuliert werden. Manipulation, Kontrolle und Einschüchterung gehören Machtbereichen an, die der Zauberei zugeschrieben werden und nichts mit dem Reich Gottes zu tun haben! Wenn wir diese Worte nicht in Demut vor Gott anwenden, werden sie zu einem gefährlichen Bumerang für unser eigenes Leben.

Viele Male führte mich der Heilige Geist zur Umkehr. Manchmal war mein Herz verstockt und rebellisch und es dauerte länger, bis ich meine Fehler bekannte. Manchmal sah ich sehr schnell ein, dass ich Schuld auf mein Leben geladen hatte. In einer sechsköpfigen Familie gibt es immer wieder Zwischenfälle, in denen ich versage und mich an meinen Liebsten schuldig mache. Manchmal fehlt mir die Geduld, manchmal die Selbstbeherrschung und manchmal die Liebe. Ich stoße immer wieder auf meine Schwächen. Dafür gibt es nur eine Antwort: Umkehr!

Die Liebe des Heiligen Geistes will uns immer zurückrufen zu ihm. Angenommene Zurechtweisung macht uns immer weiser und führt uns näher zu Abba Vater!

Engel Gottes

Engel reden in kurzen Sätzen oder in Befehlsform zu mir. Manchmal kommt es zu einem Dialog, meistens aber sprechen nur sie. Wenn Engel kommen, überbringen sie eine Botschaft mit einer besonderen Dringlichkeit. Eine Warnung, eine besondere Vorhersage oder eine klare Anweisung für einen Auftrag. Engel hinterlassen keine Angstgefühle, vielmehr versetzen sie uns in Erstaunen und Dankbarkeit. Immer wieder fällt mir auf, dass sie als Notbremse agieren, wenn eine Situation auf andere Art nicht mehr zu stoppen wäre. Für einige Engel scheint der Schutz der Kinder Gottes zum wichtigsten Aufgabenbereich zu gehören. Wenn ich von Schutz spreche, meine ich nicht nur den körperlichen, sondern genauso den seelischen und den geistlichen Schutz. Ich möchte dir von dem ersten Besuch eines Engels erzählen, der mir im Traum erschien und eine Vorhersage brachte.

Es war in einer Nacht im Februar 2013. Zu diesem Zeitpunkt war ich bereits vollkommen gesund und stand mitten im Leben. Seit einigen Monaten war ich medikamentenfrei. Ich war gerade 39 Jahre alt geworden und voller Pläne für meine Zukunft. Dankbar schaute ich auf die

Heilung einer sieben Jahre andauernden, schweren Depression zurück und hatte Kraft ohne Ende. Nun, es war ja nicht so, dass ich in den vergangenen sieben Jahren nur im Bett gelegen hätte. Ich denke sogar, dass nur mein nächstes Umfeld meine Depression wirklich gespürt hatte. Ich war durchaus dosiert leistungsfähig, und auch als Mama und Ehefrau war ich bedingt tragfähig. Aber vor allem hat Manuel in dieser Zeit als Papa und Ehemann Wundervolles geleistet.

Diese Nacht aber schien eine neue Zeit in meinem Leben anzukündigen. Der Engel erschien mir im Traum, und glaube mir, auf den ersten Blick hätte ich ihn beinahe für einen einfachen Mann gehalten. Er hatte sehr viel Ähnlichkeit mit einem Menschen, aber er war keinem Zerfall ausgesetzt und schien keine Seele zu besitzen. Ich spürte jedenfalls keine Seelenwärme. Vielmehr wirkte er auf mich wie ein Überbringer aus einer anderen Welt.

Der Traum war kurz. Ein groß gewachsener, dunkelhaariger, junger Mann tauchte aus dem Nichts auf und sein Gesicht füllte das ganze Bild aus. Er sagte: „Es kommt eine schwere Zeit auf dich zu. Du wirst durch einen dunklen Tunnel gehen, aber du wirst nicht sterben! Halte die Hand Gottes fest und lass nicht los! Es wird vorübergehen." Ich erwachte.

Diese Worte wühlten meine Seele auf. Mir war klar, dass etwas Einschneidendes in meinem Leben passieren würde. Doch was genau hatte er gemeint? Ich wälzte mich unruhig im Bett hin und her und sprach mit dem Heiligen Geist. Ich bat ihn, mir zu sagen, was mit meinem Körper passieren würde. Dann schlief ich wieder ein. In der gleichen Nacht träumte ich erneut und sah, dass ich die Kontrolle über meinen Kopf verlieren würde. Ich verstand aber nicht, was das im Detail bedeutete und wie lange dieser Zustand andauern würde. Doch ich zweifelte keine Sekunde daran, dass dieses Wort in Existenz kommen würde.

Sofort informierte ich meinen Mann und unsere Kinder darüber. Doch erst vier Monate später traf diese Vorhersage durch einen ischämischen Hirnschlag ein. Es erschreckte mich nicht mehr!

Der eigene Geist

Das Reden des eigenen Geistes erkennt man oft daran, dass er aus sich selbst heraus auf sich selbst gerichtet ist. Über die fünf Sinne sickern alle möglichen Informationen ungefiltert in unseren Geist. So ist unser Geist nicht unbedingt eine verlässliche Quelle, wenn es um Wegweisung geht. Der eigene Geist braucht immer wieder gesunde Nahrung aus der Bibel, um sich orientieren zu können, da er, gebunden an einen irdischen Körper, vielen irreführenden Eindrücken ausgesetzt ist. Chaosträume bedeuten häufig, dass der Geist gerade dabei ist, Restmüll auszusortieren. Das bewusst gehörte oder gelesene Wort Gottes sortiert den Restmüll aus unserem Geist aus. So sind Chaosträume ein gesundes Zeichen dafür, dass das Wort Gottes im eigenen Geist am Wirken ist. Meist geschieht dies in Nachtträumen.

Den eigenen Geist zu ernähren ist lebensnotwendig! Wenn wir wirklich verstanden hätten, wie essenziell das

Studieren oder Hören der Bibel ist, hätten wir einige Probleme weniger.

So ist es zum Beispiel die Stimme des eigenen Geistes, die mich anklagt, wenn ich an Gott, an mir selbst oder an jemand anderem schuldig geworden bin und meine Schuld nicht bekannt habe. Dies ist nichts anderes als ein Hinweis darauf, dass ich diese Ungerechtigkeit bekennen sollte. Unvergebene Schuld drückt auf unseren Geist und drängt zur Umkehr! In dem Moment, in dem wir bekennen, verstummt diese Stimme, denn die Schuld hat sich aufgelöst. Dies ist eigentlich eine wundervolle Einrichtung Gottes, die er in unserem Geist installiert hat.

Die Stimme unseres Geistes kann mitunter sehr laut sein. So kann es auch passieren, dass wir das Rufen eines starken Wunsches in unserem Gegenüber hören und es fälschlicherweise als das Reden Gottes wahrnehmen. Doch war es nur der sehnlichste Wunsch unseres Gegenübers. Der Wunsch eines Menschen stimmt aber nicht unbedingt mit dem Willen Gottes überein. Das Gegenüber glaubt sich dadurch aber bestätigt und wartet auf das Wahrwerden dieses Wortes. Doch es wird nicht zur Erfüllung kommen, es sei denn, es ist in Übereinstimmung mit dem Willen Gottes. Werden wir von starker Angst bedrängt oder ist Angst ein zentrales Thema in unserem Leben, können unsere Nachtträume davon handeln. Wenn unser Körper dann schläft, wird unser Geist die verborgene Angst an die Oberfläche bringen. So werden unsere Träume von einem Glaubensmangel zeugen und uns darauf hinweisen, dass wir uns dieser Angst stellen sollten. Wenn wir diese Angst weiterhin dulden, wird unser

Geist glaubensschwach handeln. Wenn wir Schmerz erleben, der nicht vergeben wurde und dadurch nicht heilen konnte, wird unser Geist hoffnungsschwach handeln. Wenn wir in Egoismus leben, wird unser Geist in puncto Liebe schwach sein. Wenn wir uns in einem Zustand des Mangels befinden, wird die Stimme des eigenen Geistes mitunter sehr laut werden und das sanfte Reden des Heiligen Geistes übertönen wollen. So ist es wichtig, im Hinterkopf zu behalten, dass Mangel unseren Geist lauter werden lässt und den Heiligen Geist zu übertönen versucht.

Gefallener Engel (Dämon)

Wenn ein gefallener Engel zu uns spricht, erkennen wir sein Reden daran, dass er immer Angst, Zerstörung, Verwirrung, Tod, Spaltung, pervertierte Lust, Scham, Schuld und Lüge hervorbringt. Er ist es auch, der uns noch anklagt, nachdem wir Gott unsere Schuld bekannt haben. Sein Ziel ist es, den Menschen in Schuld und Scham gebunden zu halten. Ein gefallener Engel ist es auch, der den Stolz des Menschen nähren möchte und er setzt alles daran, dabei nicht erkannt zu werden. Das Reden eines gefallenen Engels zielt immer darauf ab, Distanz zwischen Gott und dem Menschen zu schaffen! Oder anders gesagt: Der gefallene Engel führt den Menschen in Isolation und macht sein Gottvertrauen marode. Er will den Menschen in Scham, Schuld und Stolz festhalten und gebraucht diese drei Zustände bewusst dazu, um ihn von Umkehr fernzuhalten!

Geliebte, glaubt nicht jedem Geist, sondern prüft die Geister, ob sie von Gott sind; denn es sind viele falsche Propheten in die Welt hinausgegangen.
1. Johannes 4, 1 NeueLuther 2009

Ich möchte dir von einer Geschichte erzählen, als ein gefallener Engel Zerstörung in mein Leben bringen wollte. Da er es nicht geschafft hat, ist er weitergezogen, um sein Vorhaben anderswo umzusetzen. Die folgenden Zeilen berichten von einem gemeinen Frontalangriff, der dir die Brutalität seiner Vorgehensweise deutlich macht.

Ich erinnere mich an diese schreckliche Begegnung, die fünf Tage andauerte. Ich hörte in diesen Tagen immer wieder die gleiche Stimme, die zu mir sprach und sagte: „Gehe auf die Bahnschienen und warte, bis der Zug kommt. Du sollst sterben!" Natürlich wusste ich sofort, dass dies die hässliche Stimme eines gefallenen Engels war, denn ich selbst war frei von Todesgedanken. Somit musste diese Stimme außerhalb von mir sein. Der gefallene Engel war dabei, meine Lebenskraft aufzuweichen und brachte eine Atmosphäre von Traurigkeit mit sich. Wie eine klebrige Masse haftete sie an mir und versuchte über meinen Verstand und meine Gefühle, in meinen Geist hineinzuwirken. Ich war zu hoffnungsschwach, um gegen diese Stimme im Gebet anzugehen und schwieg. Der gefallene Engel hatte es beinahe geschafft, mich in Isolation einzuschließen. Doch am fünften Tag, um die Mittagszeit, kam mir dann endlich der Gedanke, um Gebet zu bitten. Nach dem Gebet schwieg die Stimme sofort. Es wäre schön gewesen, hätte diese Geschichte hier geendet! Aber das tat sie nicht.

Unser Grundstück grenzt an Bahnschienen, und von unserem Küchenfenster hat man direkte Sicht darauf. So stand ich also an diesem fünften Abend in der Küche am Fenster. Es war schon dunkel geworden, als ich spürte, dass eine Frau sich etwa fünfhundert Meter von mir entfernt auf den Bahnschienen befand. „Manuel, eine Frau ist auf den Schienen!" „Wo? Kannst du in dieser Dunkelheit jemanden sehen?" „Sehen nicht, aber spüren. Sie steht etwa fünfhundert Meter weit weg." „Komm, lass uns zu ihr gehen", meinte er. Manuel stand neben mir und spähte in die Nacht hinaus. Mit einem Ruck bewegten sich die Bahnübergangsschranken und senkten sich herunter. „Es ist zu spät, der Zug kommt", flüsterte ich. Das laute, grelle Pfeifen des Zuges war bis in die Küche zu hören. Ungewöhnlich langsam zog der Zug an unserem Grundstück vorbei. Danach fuhr viele Stunden lang kein Zug mehr. Bis spät in die Nacht war die Strecke stark beleuchtet und Sondereinsatzkräfte räumten die Schienen frei. Am nächsten Tag kam dann die traurige Gewissheit, dass sich eine Frau, etwa fünfhundert Meter von unserem Grundstück entfernt, auf den Bahnschienen das Leben genommen hatte.

Ein gefallener Engel streift umher und sucht sich ein hilfloses Opfer! Seine Absichten sind immer zerstörerischer Natur und er bedient sich übler Machenschaften, um sein Vorhaben umzusetzen. Er verschont auch Zeichenkinder nicht! Diese Geister sind äußerst aggressiv und von großer Brutalität. Sie sind gekommen, um Tod, Zerstörung, Lügen, Verwirrung, Trennung, pervertierte Lust, Schuld, Scham und Angst zu verbreiten! Wo auch immer eine dieser giftigen Verwerflichkeiten in Erscheinung tritt, ist die Hölle mitbeteiligt! Was können wir tun, wenn wir auf diese Art bedrängt werden? Es ist überaus wichtig, frühzeitig zu merken, wenn wir Gebetshilfe brauchen. Es gibt diese Momente, in denen wir einfach zu schwach sind, um selbst zu beten. Ich glaube, dass durch gemeinsame Gebete besonders große Siege errungen werden.

Der Frontalangriff

Ein Frontalangriff aus der Finsternis kommt unverhofft und schnell! Weil er wie aus dem Nichts auftaucht, ist es von enormer Wichtigkeit, sofort zu handeln. Doch damit überhaupt erst schnell reagiert werden kann, müssen wir lernen, genau hinzuhören! Frontalangriffe zeugen von großer Brutalität und treffen uns unverschuldet. Frontalangriffe, wie ich sie nenne, haben das alleinige Ziel, uns zum Aufgeben zu bewegen. Sie tauchen da auf, wo wir uns für Glauben, Hoffnung und Liebe einsetzen!

Nicht jede Anfechtung ist ein Frontalangriff der Finsternis. Viele Zwischenfälle sind seelisch bedingt und liegen damit im zwischenmenschlichen Bereich. Solche Zwischenfälle erinnern uns einfach daran, dass wir in dieser speziellen Charaktereigenschaft noch Veränderung brauchen. Nicht alles dürfen wir der Finsternis in die Schuhe schieben. Sehr vieles, das wir als Anfechtung identifizieren wollen, ist in Wirklichkeit das Aufbäumen unseres eigenen Stolzes. Diese Zwischenfälle zeigen uns nur den Pegel unseres Stolzes auf! Anfechtung ist bereits bei vielen Menschen ein abgenutztes Wort, da es in der

Vergangenheit für vieles herhalten musste und es sich in den wenigsten Fällen tatsächlich um Anfechtung handelte. Es fühlt sich einfach besser an, Dinge, die wir selber lösen könnten, als Anfechtung abzutun. So können wir unserem Gegenüber deutlich machen, dass wir in diesem Fall einfach machtlos sind. Doch Zeichenkinder sind niemals machtlos! So sind diese Zwischenfälle besondere Gelegenheiten, um den Charakter umzugestalten. Ich würde sagen, Zwischenfälle zeigen den Pegel unseres Stolzes auf. Auch dafür gibt es nur eine Antwort: Umkehr!

Bei einem Frontalangriff jedoch werden wir unverschuldet angegriffen. Ich bin überzeugt, dass der Heilige Geist uns vor solch brutalen Angriffen warnen und uns schützen will. Entweder er warnt uns persönlich oder aber er schickt uns einen Engel. Er möchte uns für sein Reden oder das Reden von Engeln sensibilisieren. Unser größter Schutz liegt darin, nahe bei Gott zu bleiben, damit wir weiterhin seine Stimme unter den vielen anderen Stimmen erkennen können!

Ein Drittel der Engel herrscht im sogenannten zweiten Himmel und auf der Erde. Ihr Anführer ist der gefallene Cherub.

> *Du warst ein glänzender Engelwächter. Du hattest Zutritt zum heiligen Berg Gottes und bist zwischen den feurigen Steinen umhergegangen. Du warst untadelig in deinem Verhalten von dem Tag an, als du geschaffen wurdest, bis zu dem Tag, als Unrecht bei dir entdeckt wurde. Dein ausgedehnter Handel hat dich grausam werden las-*

> *sen und du hast gesündigt. Deshalb habe ich dich vom Berg Gottes verbannt. Aus der Mitte der feurigen Steine habe ich dich vertrieben, du mächtiger Wächter. Deine Schönheit hat dein Herz zum Hochmut verführt. Du hast deine Weisheit verdorben, weil dir dein Glanz so wichtig war. Deshalb habe ich dich auf die Erde geworfen und dich vor Königen erniedrigt, damit sie sich über deinen Anblick freuen können. Du hast deine Heiligtümer mit deinen vielen Sünden und deinem unrechten Handel entweiht. Deshalb habe ich ein Feuer in deiner Mitte ausbrechen lassen, das dich verzehrt hat. Ich habe dich vor den Augen all derer, die dich sahen, zu Asche auf der Erde gemacht.*
> **Hesekiel 28, 14-18**

Weil Satan eine Rebellion anführte, wurde er zusammen mit seiner Gefolgschaft vom Himmel der Himmel verbannt und hinuntergeworfen in einen zweiten Himmel und auf die Erde.

> *Dieser große Drache - die alte Schlange, die Teufel genannt wird oder Satan oder der, der die ganze Welt verführt – wurde mit all seinen Engeln auf die Erde geworfen.*
> **Offenbarung 12, 9**

Alle Grausamkeiten dieser Welt haben einen einzigen Urheber: den gefallenen Cherub und seine gefallenen Engel. Krankheit, Zerstörung, Tod, Schmerz, Furcht, Hass, Spaltung, Stolz und Sünde kommen aus seiner Hand. Da wir in der Welt leben, sind wir von diesen giftigen Dingen noch nicht verschont. Nicht, weil wir etwas falsch gemacht haben, sondern manchmal einfach deshalb, weil wir blind in eine seiner gemeinen Fallen getappt sind, oder aber einfach von ihm unverschuldet attackiert werden. Die Nähe zu Gott ist unser höchster Schutz. Je näher wir dem Kreuz kommen, desto intensiver wird das Verständnis der eigenen Bedürftigkeit und Abhängigkeit von Gott. Je größer uns die Bedeutung des Kreuzes wird, desto größer wird auch die Bedeutung der Heiligkeit Gottes. Nah bei ihm erkennen wir unsere Bedürftigkeit. Zu glauben, es alleine schaffen zu können, zeigt nur, dass sich das Kreuz noch nicht einmal in unserer Sichtweite befindet.

KAPITEL 5

WENN ENGEL REDEN

Ich möchte dir von drei mir bewussten Erlebnissen mit Engeln erzählen, die gekommen waren, um mit mir zu sprechen. In zwei Fällen waren es Engel Gottes und in einem Fall war es ein gefallener Engel aus der Finsternis. Die Engel Gottes waren gekommen, um den Schutz über dem Leben meiner Kinder zu verstärken und sie vor Unglück zu bewahren.

Der gefallene Engel kam, um zu zerstören. In dieser Geschichte bekam ich eine Warnvision von Gott, aber leider habe ich nicht darauf reagiert. Ich bezeichne diese Erlebnisse darum als bewusst, da die Engel mit mir gesprochen hatten. Natürlich erleben wir um einiges mehr an Bewahrung, als wir bewusst wahrnehmen. Ich möchte dich in einen Prozess des Verstehens mitnehmen.

Ich kenne Angst in meinem Leben, aber ich bin keine ängstliche Person. Ich würde eher sagen, ich bin wachsam. Ich hatte bereits einige lehrreiche Lektionen, die mir schnell zeigten, dass es durchaus auch Warnungen gibt, auf die man hören sollte. Man lernt schnell, wenn es um das eigene Leben geht. Man lernt noch schneller, wenn es um das Leben der eigenen Kinder geht. So gibt es da die Geschichte mit unserem Sohn.

Der Zeitfaktor

Wir waren als Familie am Meer. Ich lag im Liegestuhl und las in einem Buch. „Darf ich schwimmen gehen?", unterbrach mich Joschua. Fast zeitgleich zu dieser Frage hörte ich die Stimme eines Engels: „Nein, die nächste Stunde nicht! Sonst wird ihn eine Feuerqualle links am Oberkörper brennen." „Mama, ich hab dich etwas gefragt", hakte er erneut nach. Ich war ein bisschen irritiert. „Ja, ich weiß, nein!", antwortete ich. „Jetzt nicht!" Joschua war erstaunt. „Mama, warum denn nicht? Du weißt doch, wie gut ich schwimme!" „Einfach so!", antwortete ich. Joschua ist tatsächlich ein hervorragender Schwimmer. Mein Mann klinkte sich ins Gespräch ein und schaute von seinem Buch auf. „Warum denn nicht? Du weißt doch, dass er ein ausgezeichneter Schwimmer ist." „Die nächste Stunde nicht!", gab ich genervt zurück. „Wenn er schwimmen möchte, lass ihn doch", sagte mein Mann und streckte seine Beine im Liegestuhl aus.

„Dann musst du aber mit, alleine geht er nicht!"

„Warum denn? Ich liege grad so schön!"

„Es wird ihn eine Feuerqualle brennen, wenn er dann alleine da draußen ist … nein!"

Manuel saß jetzt und blickte zu mir herüber. „Mach dem Jungen keine Angst, so ein Blödsinn!" Mit einem

Ruck war er aus dem Liegestuhl aufgestanden und stapfte vor sich hinmurmelnd mit Joschua in Richtung Meer davon. Noemi, unsere Kleinste, schloss sich ihnen an. Ich las nun nicht mehr weiter, sondern verfolgte die Drei mit Adleraugen. Sie waren etwa 30 Meter weit draußen im Meer, als Joschua zu schreien begann. Er fuchtelte wild mit den Armen und ich war dankbar, dass Manuel bei ihm war! Er würde ihn sicher an Land bringen. Noemi schwamm ruhig neben den beiden zurück. Er weinte bitterlich, und links an seinem Oberkörper klebte noch immer ein Stück von der Feuerqualle.

Wir entfernten sie vorsichtig von der Haut und versorgten die Wunde mit Essig. Manuel schaute zu mir herüber:

„Du hättest das nicht aussprechen dürfen!", mahnte er mich.

„Das glaube ich nicht, vielmehr hättet ihr eine Stunde warten müssen!"

Aber seine Aussage beschäftigte mich. Ich dachte darüber nach. Hätte ich die Warnung einfach ignorieren sollen? War das Problem erst durch meine Aussage in Existenz gekommen?

Ich war Gott sehr dankbar, dass er mich zu warnen versuchte, indem er mir einen Engel schickte. Ich war aber einfach noch sehr schwerfällig im Verstehen. Ich begriff nur langsam, dass Zeit eine wichtige Rolle spielt, wenn es um das Eintreffen eines Unglücks geht. Ein Unglück kommt in Existenz, wenn eine dämonische Invasion auf ein offenes Zeitfenster trifft und sich ein kleines Loch in der schutzlosen Zone öffnet. Dies geschieht normalerweise selten, aber wenn es passiert, sollte man sich einfach zu Gott flüchten, bei ihm in Deckung gehen und warten, bis er Entwarnung gibt. In diesem Fall hätte Joschua einfach nur eine Stunde warten sollen, bevor er ins Wasser ging. Nun, nach dieser ersten Lektion dachte ich, ich hätte es durch mein Aussprechen in Existenz gerufen. Heute weiß ich aber, dass dies die falsche Sichtweise ist! Fünf Wochen vergingen und ich erhielt die nächste schmerzhafte Lektion.

Gefallene Engel speien nur Gift

Noemi saß bei mir im Auto. Sie war zu diesem Zeitpunkt neun Jahre alt. Ich blickte in ihr hübsches Gesicht und dachte bei mir, wie schön sie doch ist. Wir lachten und hatten Spaß zusammen. Da erschreckte mich diese hässliche Stimme, die ich bis zu diesem Zeitpunkt noch nie gehört hatte: „Ich werde ihr ins Gesicht schlagen und sie mit Blut überströmen!" „Das ist die hässliche Stimme eines gefallenen Engels! Ich werde ihn einfach ignorieren, dann wird er wieder gehen", dachte ich bei mir. Noemi bekam nichts davon mit. „Noemi, komm, lass uns Gott ein Lied singen." Diese Aufforderung galt eher für mich als für sie. Wir sangen aus voller Kehle. Ich bog in unsere Einfahrt ein und parkte das Auto.

Mein Mann war gerade eben von der Arbeit nach Hause gekommen und freute sich darauf, mit mir eine Tasse Kaffee zu trinken. Noemi verschwand in Windeseile in ihrem Zimmer. Fünf Minuten später tauchte sie, bepackt mit der Gitarre auf dem Rücken, wieder auf. „So, bereit für den Gitarrenunterricht, mein Schatz?", fragte ich. „Ja, Mama ich nehme heute das Fahrrad!" In diesem Moment erschien über ihrem Kopf eine Vision. Ich sah Noemi auf unserer Holzterrasse stehen. Ihre hellblonden langen Haare waren blutgetränkt. Ihr ganzes Gesicht war aufgeschlagen. Ich war geschockt. Entschied mich aber, diese Dinge zu verdrängen und für Schutz zu beten. Ich schwieg bewusst! Ich dachte kurz darüber nach, sie mit dem Auto hinzufahren. Leider entschied ich mich, es nicht zu tun. „Barbara, ich habe dir schon eine Tasse Kaffee gemacht. Komm auf die Terrasse." Mit diesen Worten schritt Manuel mit einer Tasse Kaffee in jeder Hand an mir vorbei. Nach einem persönlichen Gebet des Schutzes entließ ich Noemi aus meinen Armen.

Manuel war in Plauderlaune, er hatte einiges zu erzählen. Ich hörte ihm zu. Fünf Minuten waren vergangen, seit sie losgefahren war. Dann spürte ich, wie ein Ruck durch meinen ganzen Körper ging und ich sah in einer Vision Noemis Fahrradunfall. Ein Schrei brach aus mir heraus und ich fing an, bitterlich zu weinen. Manuel blickte mich mit großen Augen an und war irritiert. „Wir müssen beten Manuel!", brachte ich endlich heraus. „Noemi ist gerade aufs Gesicht gefallen." Auch jetzt, da ich dies schreibe, überkommt mich tiefe Traurigkeit. Alles nur, weil ich nicht verstanden hatte. Ich jammerte mehr, als dass es ein Gebet gewesen wäre. Manuel betete einige Minuten, ich weinte. Ich erzählte Manuel von der hässlichen Stimme und davon, dass ich dachte, ich hätte bei Joschua einen Fehler gemacht, weil ich das Unglück ausgesprochen hatte. Ich hatte entschieden, um Schutz zu beten und geglaubt dadurch könnte es aufgehoben werden. Er beruhigte mich und meinte: „Mach dir keine Sorgen, es ist schon nichts passiert." Doch ich war untröstlich und wusste, sie würde in wenigen Minuten blutüberströmt auf der Terrasse auftauchen. Es vergingen wenige Minuten und da war sie. Es war dasselbe Bild, das ich zuvor in der Vision gesehen hatte. Sie weinte bitterlich. Ein freundlicher junger Mann hatte sie mit dem Auto nach Hause gebracht, nachdem etliche an ihr vorbei gefahren waren. Ihre langen blonden Haare waren voller Blut, ebenso ihr Gesicht, ihre Hände, ihr Kleid, ihre Schuhe. Die Lippen waren eine einzige Wunde und die beiden zweiten Schneidezähne komplett herausgeschlagen. Es war so grausam. Manuel schnellte aus dem Stuhl hoch, ihr entgegen. Als ich in ihre hellen Augen blickte, sah ich, wie tief dieser Schock saß. Manuel fuhr sie sogleich zum Notfallzahnarzt. Das war eine schmerzhafte und bittere Lektion, die ich erst jetzt ganz verstanden hatte. Nie wieder würde ich einen Impuls ignorieren, sondern handeln!

Weshalb passierte dieses Unglück, obwohl ich doch gebetet hatte? Hat ein Gebet nicht immer besondere Kraft und will Gott nicht immer schützen? Ja, Gebet hat besondere Kraft, und ja, Gott will immer schützen, genau darum zeigte er mir diese Vision! Ich hätte Noemi einfach nur mit dem Auto hinbringen müssen, um diese schutzlose Zone zu umgehen! Wenn wir so etwas erleben, müssen wir reagieren! Sofort! Fünf Wochen später dann die Geschichte mit Jael.

Lektion begriffen

Jael, unsere älteste Tochter, kam frühzeitig von der Schule nach Hause: „Mama, ich habe Bauchschmerzen, ich leg mich ein bisschen aufs Sofa." Es war kurz vor Mittag. Ich war gerade dabei, das Mittagessen zuzubereiten. Immer mal wieder schaute ich nach ihr. Sie lächelte mich an und meinte: „Nur ein bisschen Bauchweh, machst du mir einen Tee?" Ich war schnell mit einem Kamillentee zurück und entspannte mich, da ihr Zustand harmlos auf mich wirkte. Der Nachmittag ging langsam zu Ende und Jael hatte sich die vergangene Stunde durch das Fernsehprogramm gezappt. Ich war mit dem Haushalt beschäftigt und machte immer mal wieder die Runde bei ihr. Da lag sie jetzt und schlief, als ich die vertraute Stimme des Engels hörte: „Geh mit ihr ins Krankenhaus, sie hat eine Blinddarmentzündung und wird operiert werden!" Ich schaute Jael eine Weile an, dann weckte ich sie auf:

„Komm Jael, wir müssen zum Arzt."

„Mmh, Mama so schlimm ist es nicht. Ich möchte nur ein bisschen schlafen."

„Nein, wir gehen jetzt! Zuerst gehen wir zum Arzt, der soll uns im Kinderkrankenhaus auf der Notfallstation anmelden. Du hast eine Blinddarmentzündung."

„Oh Mama, ich hab nur ein bisschen Bauchweh, das geht wieder weg."

Wir gingen dann beim Kinderarzt vorbei und auf mein Drängen hin meldete er Jael an. Ich weiß, ich hätte auch direkt in das Krankenhaus gehen können, aber dies verstärkte irgendwie meinen Mut. Nach einiger Zeit auf der Notfallstation wurde ihr Blut abgenommen. Keine erhöhten Entzündungswerte! Die Schwester sagte: „Die Wahrscheinlichkeit, dass Jael eine Blinddarmentzündung hat, ist sehr gering. Sie hat fast keine Schmerzen und die Blutwerte sind normal. Aber um sicherzugehen, machen wir noch einen Ultraschall." Da war die Stimme des Engels wieder: „Sie werden nichts finden beim Ultraschall, aber sie hat eine Blinddarmentzündung. Lass sie hier, sie wird Morgen operiert." So war es auch. Der Arzt, der den Ultraschall bediente, schaute vom Monitor hoch und sagte bestimmt; „Frau Benz, der Blinddarm hat eine normale Größe. Es ist alles in Ordnung."

Es war bereits elf Uhr nachts, als die Schwester uns entlassen wollte. „Ich möchte, dass Jael hierbleibt! Sie hat eine Blinddarmentzündung, ich weiß es!", sagte ich ebenfalls bestimmt. Die Schwester zog die Augenbraue hoch und meinte: „Also, wenn Sie darauf bestehen, geben wir ihr ein Zimmer." „Oh Mama, du bist so peinlich, es geht mir gut", flüsterte Jael, als wir kurz vor Mitternacht ihr Zimmer beziehen konnten. Ich antwortete: „Vertrau mir und stell dich auf eine OP ein. Ich komme dich morgen so gegen neun Uhr besuchen."

Ich muss sagen, als ich am nächsten Morgen keine SMS und auch keinen Anruf auf meinem Handy hatte, war ich ein wenig irritiert. Hatte ich falsch gehört? Ich schickte die drei Kinder in die Schule und fuhr los. Als ich im Krankenhaus ankam, sprach mich eine Schwester auf dem Gang an:

„Sind Sie Frau Benz?"

„Ja, die Mama von Jael", bestätigte ich.

„Gut, dass man Sie so schnell erreicht hat, Jael wird schon vorbereitet für die OP. Die Blutwerte haben sich heute Morgen stark verändert und die Größe des Blinddarms hat sich verdoppelt. Sie hat starke Schmerzen."

„Niemand hat mich verständigt oder benachrichtigt, ich wusste bereits gestern, dass sie heute Morgen operiert werden würde. Darum bin ich hier", warf ich ein. Es erübrigt sich wohl, zu erwähnen, wie die Schwester mich angestarrt hat.

Jael lag blass auf dem Bett und hatte starke Schmerzen: „Mama, du hattest recht!" In diesem Moment war ich einfach nur dankbar.

„Nicht ich hatte recht, sondern der Engel."

„Ich habe Angst, Mama."

„Jael, du brauchst dich nicht zu fürchten, Gott schützt dein Leben, darum bist du ja überhaupt hier!" Fünf Tage später war sie schon wieder zu Hause und alles verheilte sehr gut.

> *Denn der Engel des Herrn beschützt die, die ihm gehorchen, und rettet sie.*
> **Psalm 34, 8**

KAPITEL 6

ZEICHENKINDER

Wer sind diese Zeichenkinder? Was zeichnet sie aus? Wo finden wir sie? Sie sind Heimgekehrte, waren einst Zurückgelassene, Waisenkinder, Fremde, Einsiedler, Verlassene, Verwundete – sie alle haben sich aufgemacht, um zurückzukehren. Ihr Leben zeugt von diesem Zeichen, weist auf dieses Zeichen hin und demonstriert dieses Zeichen! Sie tragen das Zeichen der Versöhnung durch ein Königreich in sich. Sie haben Frieden geschlossen mit Gott und sind hier, um Frieden zu stiften. Sie sind gekommen, um den Glauben zu stärken. Sie sind hier, mitten unter uns, um Hoffnung in all den Schmerz hineinzutragen. Sie sind hier, um der Not mit Liebe zu begegnen. Die Zeichenkinder sind zu Außergewöhnlichem bestimmt und haben den Preis, ihr Selbst zu verleugnen, bezahlt. Sie sind entschlossen, das Zeichen auf ihrer Stirn nicht mehr abzuwaschen. Weder Angst, noch Schmerz, noch Hass wird es wegwischen können! Die Zeichenkinder sind die Einzigen, welche die Zeichen kennen und deuten können – die vergangenen und die zukünftigen. Jedes einzelne Leben spricht von diesem Zeichen des Friedens und trägt das Siegel der Versöhnung in sich! Sie sind die Ausgesonderten; nicht, um am Rand der Gesellschaft zu stehen, sondern als ein lebendiges Zeichen des Friedens mitten unter den Menschen. Gott hat die Menschheit nicht vergessen! Er hat uns durch das Sterben des Messias einen neuen Bund angeboten. Kommt, Zeichenkinder, und erinnert alle daran, dass noch Zeit ist! Die Welt liegt in Schmerzen, die Wehen haben längst begonnen.

Ich bin leidenschaftliche Pilatestrainerin (Pilates ist ein systematisches Ganzkörpertraining zur Kräftigung der Bauch- Beckenboden- und Rückenmuskulatur). Ich arbeite schon viele Jahre mit dem Körper. Durch Beobachten des Menschen fiel mir auf, dass die äußere Atmung im Körper das Kreuz rhythmisch zeichnet. Bei der Einatmung weitet sich der Thorax (Brustkorb) in die Breite und bei der Ausatmung in die Länge. Der Schöpfer setzte hier das zentrale Zeichen des Lebens und des Todes mitten in unseren Körper hinein. Das Kreuz steht für zwei Ebenen: die Horizontale für die Ebene von Mensch zu Mensch, und die Vertikale für die Ebene von Gott zum Menschen. Wenn ein Mensch auf die Welt kommt, atmet er zuerst ein und füllt seine Lungen mit Sauerstoff. Es scheint mir, als würde er sich dadurch auf der horizontalen Ebene (von Mensch zu Mensch) gewissermaßen anmelden. Damit ist das Einatmen gleichzeitig auch ein Zeichen des Lebens. Stirbt ein Mensch, so ist der letzte Atem ein Ausatmen, ein endgültiges Hineintreten in die vertikale Ebene (Gott). Damit ist das Ausatmen gleichzeitig ein Zeichen des Todes. So erinnert die äußere Atmung rhythmisch immer wieder an das Versöhnungsangebot des Kreuzes.

Es wurde dem Menschen zur Erinnerung mitten in seinen Körper hineingelegt. Jedem Menschen gilt dieses Angebot der Versöhnung. Die Zeichenkinder sind jene, die dieses Angebot angenommen haben. Sie ließen sich mit den Menschen (horizontale Ebene) und mit Gott (vertikale Ebene) versöhnen.

Ich habe vier Kinder zur Welt gebracht. Ich weiß, welche Schmerzen ein Körper bei einer Geburt durchmacht. Ich kenne diesen Ausnahmezustand, wenn kurz vor der Geburt eine totale Erschöpfung den Körper schwächt. Ich kenne aber auch die unbeschreiblich große Freude, wenn sie dir dein Kind in die Arme legen. Wir können die Wehen weder stoppen, noch aufhalten, noch abschwächen. Viele glauben, mit ihren Gebeten diese Geburt zu verhindern. Doch dies war nie Gottes Ziel. Er selbst schickt diese Welt in die Geburt hinein, um sie zu transformieren! Auch uns Menschen schickt er in diese Geburt hinein, damit wir im Geist von neuem geboren werden! Es gibt keinen anderen Weg für den Menschen! Es gibt auch für unsere Welt nur einen Geburtskanal, und der führt durch das Kreuz hin zu Jesus Christus!

All denen aber, die ihn aufnahmen und an seinen Namen glaubten, gab er das Recht, Gottes Kinder zu werden.
Johannes 1, 12

Als ich mit 39 Jahren einen Hirnschlag hatte, dachten die Ärzte zuerst, es wäre der erste heftige Schub einer MS (Multiple Sklerose). Erst drei Monate später wurde klar, dass die vier Schatten im Hirn nicht durchblutetes

Gewebe waren, welches den Infarkt hervorgerufen hatte. Sie legten meinen Körper auf einen speziellen Tisch und schnallten mich fest. Mein Kopf wurde in einer Plastikmulde gelagert und fixiert. Dann fuhr der Tisch in den Scanner hinein. Ein MRI (Magnetic Resonance Imaging) bringt alle Schatten im Körper ans Licht.

Gott gibt uns im Leben Gelegenheiten, die Schatten unserer Seele zu erkennen. Wozu? Um die Grundlage für uns zu schaffen, ihm überhaupt nahe zu kommen. So gebraucht er oft schwierige Prozesse, um dem Menschen seine Schatten vor Augen zu führen, damit er - das Licht - überhaupt die Möglichkeit bekommt, die Schatten zu vertreiben. Wenn schwere Zeiten kommen, in denen er unseren Körper festbinden darf, schafft er die Möglichkeit, etwas Besonderes daraus zu machen. Schwere Situationen, die alles Leben aus uns herauspressen wollen, sind solche Gelegenheiten, eine tiefe Veränderung zu erfahren. Er hilft uns, offene Türen zu erkennen und vergiftetes Denken aufzuspüren, damit er mit all diesen Lügen abrechnen kann!

Ich weiß, dass Schmerz ein guter Nährboden ist, auf dem Lügen gut gedeihen können. Lügen wie: „Mein Leben hat keine Bedeutung", „Niemand liebt mich"; „Ich werde es nie schaffen"; „Ich bin nicht gut genug"; „Man braucht mich nicht"; „Ich habe es nicht anders verdient"; „Ich habe alles falsch gemacht"; „Ich werde nie glücklich werden". Dies sind nur die kümmerlichen Zurufe böser Geister. Lügen beschneiden immer unsere Lebensqualität. Wir sind zur Freiheit berufen, doch zu viele von uns leben noch in solchen Gefängnissen der Lüge. Gott gebraucht die schweren Situationen in unserem Leben, um

Schatten aufzuspüren, damit er unseren Charakter verändern kann. Ich denke, niemand sucht freiwillig nach Schatten in seinem Leben. Oder? Doch Schmerz schiebt uns in seine Nähe! Er schiebt uns in diesen Geburtskanal hinein. Wenn ich auf mein Leben zurückschaue, sehe ich diesen geistlichen Komaschlaf einer schweren Depression, der sieben Jahre andauerte. Nur starke Medikamente hielten mich am Leben. Mein Verstand hatte den Schmerz eines Traumas meiner Kindheit vergessen, meine Seele nicht. Es war eine schwere, dunkle Zeit, in der ich mehr Tod als Leben spürte. Heute bin ich frei.

Ich weiß, dass viele da draußen in einen geistlichen Komaschlaf versunken sind. Der Schmerzpegel ihrer Seelen ist so hoch, dass das Leben eine einzige Wunde geworden ist. Ich rufe euch zu: „Lass es zu, dass er, der einzige Erlöser, Jesus Christus, diese Schatten ansieht!" Auch wenn ihr den Grund eures Schmerzens nicht kennt, er kennt ihn. Und nur er kann ihn vertreiben, weil er Licht in Person ist! In Römer 7 sehen wir, wie der Apostel Paulus von seinen Schatten, seinem Fleisch und von seinem Charakter ohne Jesus spricht!

Schatten entstehen dort, wo Licht auf einen Körper trifft, der lichtundurchlässig ist. Das Licht wird von diesem Körper absorbiert. Deshalb gelangt kein Licht hinter diesen Körper und es entsteht ein Schatten. Paulus wurde hier einem göttlichen MRI unterzogen. Er ließ zu, dass sein Körper gefesselt und sein Kopf festgebunden wurden, um die Lügen in seinen Gedanken zu scannen. Er vergaß nie wieder, wer er ohne Jesus Christus war! Diese Verse sprechen davon:

Aber ich kann mir selbst nicht helfen, weil die Sünde in mir mich zum Bösen verleitet. Ich weiß, dass ich durch und durch verdorben bin, soweit es meine menschliche Natur betrifft. Denn immer wieder nehme ich mir das Gute vor, aber es gelingt mir nicht, es zu verwirklichen.
Römer 7, 17-18

„Denn immer wieder nehme ich mir das Gute vor, aber es gelingt mir nicht, es zu verwirklichen." Sogar dieser große Theologe, der als griechisch gebildeter Jude aufwuchs und als gesetzestreuer Pharisäer über ein beachtliches Wissen des Gesetzes verfügte, bekennt hier seine Unzulänglichkeit. Er macht deutlich, dass der Mensch in seiner Natur verdorben und darüber hinaus nicht imstande ist, sich selbst zu helfen! Damit jeder Mensch seine Bedürftigkeit erkennt, konfrontiert Gott ihn mit dem Gesetz, damit der Mensch versteht, dass er schuldig geworden ist!

... aber durch das Gesetz erkannte ich erst meine Sünde. Ich hätte nicht gewusst, dass es falsch ist zu begehren, wenn das Gesetz mir nicht gesagt hätte: „Du sollst nicht begehren."
Römer 7, 7

Paulus erkannte, dass das Gewicht des Gesetzes auf jedes Leben drückt, und dass der Mensch gar nicht imstande ist, es einzuhalten, sondern Erlösung davon braucht. So zeigte er unmissverständlich auf, dass nur durch Jesus Christus die Macht der Sünde gebrochen werden kann.

Also gibt es jetzt für die, die zu Christus Jesus gehören, keine Verurteilung mehr. Denn die Macht des Geistes, der Leben gibt, hat dich durch Christus Jesus von der Macht der Sünde befreit, die zum Tod führt.

Römer 8, 1-2

Der Schlüssel ist die Charakterumgestaltung. Die Umgestaltung in das Bild Jesu Christi! Wir alle brauchen Veränderung unseres Charakters, denn wir kommen alle aus der Finsternis und wurden von ihr deformiert.

Ich kenne das Leben im übernatürlichen Bereich. Engel bringen mir Nachrichten, obwohl ich sie nie gerufen habe. Ich höre die Stimme Gottes, und das geistliche Wahrnehmen verschiedener Zusammenhänge ist mir vertraut. Ich erlebe ein plötzliches Verstehen von Träumen, das ich nie gesucht habe. Doch all diese Dinge, auch wenn sie noch so wundervoll sind, haben meinen Charakter nicht verändert. Im Gegenteil. Diese Dinge haben Charakterveränderung in meinem Leben noch viel dringlicher gemacht. Sie schrauben den Verschluss nur enger und fester. Ich weiß, diese Gaben habe ich nicht verdient, sie sind mir zugeteilt worden! Dieses Bewusstsein drückt auf meinen Geist und ich spüre das Gewicht der Verantwortung auf mir. Es sind Geschenke, die dazu da sind, ausgeteilt zu werden. Lichtstrahlen, die das Gegenüber nicht blenden dürfen, sondern den Weg zu Gott weisen müssen. Ich ahne, welches Vertrauen er mir als seiner Tochter entgegenbringt.

Wenn ich meinen vier Kindern etwas anvertraue, weiß ich, dass sie absolut verlässlich sind. Das erfüllt mich mit

Freude, denn ich weiß, sie brauchen keine Kontrolle, sondern Vertrauen. Auch Gott kontrolliert nicht, er schenkt uns sein Vertrauen und hat sein Gesetz in unsere Herzen geschrieben. Wie groß muss seine Liebe zu seinen Kindern sein! Gleichzeitig erinnert er uns daran, dass wir nur eine Chance zum Überleben haben - nahe bei ihm!

> *„Ja", erklärte er [Jesus] ihnen, „ich sah Satan wie einen Blitz vom Himmel fallen! Ich habe euch Vollmacht über den Feind gegeben; ihr könnt unter Schlangen und Skorpionen umhergehen und sie zertreten. Nichts und niemand wird euch etwas anhaben können. Aber freut euch nicht darüber, dass böse Geister euch gehorchen, sondern freut euch, dass eure Namen im Himmel aufgeschrieben sind."*
>
> **Lukas 10, 18-20 (Klammer hinzugefügt)**

Hier konfrontiert Jesus seine Jünger mit ihrem Stolz! Er gebraucht das Bild des gefallenen Satans, dem Vater des Stolzes, um ihre verblendeten Augen zu öffnen. Er offenbart ihre Herzenshaltung und richtet ihren Blick auf das Eigentliche: die ewige Gemeinschaft mit dem Vater im Himmel. Er erinnert sie daran, sich darüber zu freuen, dass ihre Namen im Buch des Lebens stehen.

Ich bin zu der Überzeugung gekommen, dass Gott besonders großen Wert auf unsere Motivation legt! Was motiviert uns? Was motiviert dich? Was treibt dich an? Es gibt unzählige Beweggründe, aber nur zwei Wurzeln. Es sind zwei Gegensätze: Stolz und Demut. Wenn es um Motivation geht, werden wir schlussendlich immer bei diesen beiden Kontrahenten landen. Die Motivation werde ich im Kapitel der Liebe genauer anschauen.

Mit Traurigkeit beobachte ich, wie Menschen nach dem Übernatürlichen hungern, Charakterveränderung hingegen in Vergessenheit geraten ist. Es ist sehr gefährlich, übernatürliches Wirken und Charakterveränderung zu trennen. Sich im Übernatürlichen sicher zu bewegen, setzt anhaltende Charakterveränderung voraus. Es ist äußerst gefährlich, sich im Übernatürlichen zu bewegen und Charakterveränderung zu verdrängen. Das wird früher oder später in den geistlichen Ruin führen!

Ebenso dürfen wir uns nicht nur auf Charakterveränderung ausrichten und das Übernatürliche ablehnen oder gar abschneiden! Dies wäre genauso tragisch!

Unsere Bestimmung geht weit über rein äußerliches Verhalten hinaus. Unsere Erlösung beginnt hier und jetzt! Viele sind der Lüge verfallen, Charakterveränderung wäre lediglich ein äußerliches Einhalten von Verboten: „Du sollst nicht abtreiben"; „Du sollst dich nicht scheiden lassen"; „Du sollst nicht mehr rauchen"; „Du sollst nicht lügen"; „Du sollst nicht stehlen" und so weiter. Es wäre töricht zu denken, diese Verbote seien falsch! Doch das reine Einhalten von Verboten hat noch kein Herz verändert!

Charakterveränderung entsteht in unserem Innern! Sie kann nicht von außen übergestülpt werden! Der einzige Weg, das Herz dauerhaft und effektiv zu verändern, ist, das Kreuz anzunehmen und die Taten des Bösen sterben zu lassen. Das heißt, wirklich zu lernen, wie man lebt.

Jeder Schmerz, jeder Verlust, jedes Hindernis, jedes Versagen, jedes Unglück und jeder Rückschritt, den wir erleben, lässt Gott aus einem einzigen Grund zu: um die Schatten in unserem Herzen aufzudecken.

Ich habe einen impulsiven Charakter. Meinen Zorn verbal auszuleben, war lange Zeit eine meiner größten Charakterschwächen. So mussten sich meine Mitmenschen in Sicherheit bringen, wenn ich zornig war, denn meine Worte waren treffsicher und verletzend. Es war wieder einmal einer dieser Tage, an dem der Zorn über mich kam. Da hörte ich eine Stimme, die zu mir sprach: „Wer gibt dir das Recht, dich so zu verhalten?" Ich war kurz irritiert, schimpfte aber weiter. Als ich mich beruhigt hatte, dachte ich über diese Stimme nach. Ich führte ein kurzes Selbstgespräch und rechtfertigte mich. „Wenn man mich reizt, muss ich mich wehren! Ich werde mich nicht mehr runterdrücken lassen, das habe ich zu oft erlebt. Ich bin oben, nicht unten." Plötzlich spricht die Stimme erneut zu mir: „Übe dich in Selbstbeherrschung!" Wow! Diese Worte saßen. Ich hatte noch nie, wirklich noch nie, darüber nachgedacht, mich in Selbstbeherrschung zu üben. Selbstbeherrschung - was war das eigentlich? Langsam erkannte ich: So viele Auswüchse von schlechtem Verhalten waren da, weil es mir an Selbstbeherrschung mangelte. Was für eine Motivation steckte dahinter, mich so verletzend auszudrücken? Erkennst du sie? Es war Stolz!

Und wir wissen, dass für die, die Gott lieben und nach seinem Willen zu ihm gehören, alles zum Guten führt.

Römer 8, 28

Viele missverstehen diese Verse! Sie denken, wenn ihnen eine Ungerechtigkeit widerfährt, wird Gott diese Situation verbessern oder zumindest verändern. Doch Paulus prophezeite hier nicht, dass sich die Umstände verändern oder gar verbessern werden. Was er allerdings sagte, war, dass alle Umstände uns die Möglichkeit bieten, Krummes zu begradigen, Vertiefungen zu ebnen und Erhöhtes in unserem Charakter abzutragen. Mit der Aussage, dass „alles zum Guten führt", meinte er die Charakterbildung. Gott gebraucht schwierige Umstände nicht, um die Umstände zu verbessern, vielmehr gebraucht er sie, um uns die Möglichkeit zu geben, unseren Charakter zu verschönern.

Und habt ihr die ermutigenden Worte völlig vergessen, die Gott zu euch sprach? „Mein Sohn, lehne dich nicht dagegen auf, wenn der Herr dich zurechtweist und lass dich dadurch nicht entmutigen! Denn der Herr weist die zurecht, die er liebt, und er straft jeden, den er als seinen Sohn annimmt."

Hebräer 12, 5-6

Ich weiß nicht, wie viele Male ich der Hand Gottes ausgewichen bin. Unzählige Male! Viele Jahre lang wollte ich nicht stillhalten, um meine Schatten zu zeigen. Im Gegenteil, ich brachte meine ganze Kraft dafür auf, sie zu verbergen - vor mir und vor Gott! Selbstmitleid und Stolz waren nur zwei von einigen kümmerlichen Masken, um mein eigenes Ich zu verschleiern! Vor allem diese beiden giftigen Haltungen haben mich Jahre der Freude gekostet. Verblendet von meinem eigenen Zustand, war ich wirklich der Überzeugung, Gott würde mir irgendwann sein Mitleid zeigen und mich frei machen. Ich erkannte nicht, wie heilig Gott tatsächlich war und immer noch ist. Auch die Gesetzmäßigkeit, an die er sich gebunden hatte, verstand ich nicht. Er konnte mir nicht noch mehr helfen, denn er hatte bereits alles getan und seinen Sohn Jesus Christus in die Welt geschickt.

Stolz trägt die DNA - das Erbgut der Finsternis - in sich und Selbstmitleid ist nichts anderes als ein sich Ausweinen an Satans Brust! Zeichenkinder tragen die DNA der Demut in sich! Mit der Finsternis außerhalb haben sie gebrochen. Trost holen sollen wir bei dem wahren Tröster, dem Heiligen Geist.

KAPITEL 7

ARM, BLIND UND NACKT

Während sich in der Welt schwarze Löcher der Angst, des Schmerzes und des Egoismus wie Krater öffnen, steigen am Horizont drei gewaltige Kräfte empor! Kräfte, welche die Macht haben, die Finsternis um uns herum zu transformieren. Ja, es scheint sogar, als ob diese drei Kräfte, Glaube, Hoffnung und Liebe, die drei zerstörerischen Kräfte, Angst, Schmerz und Egoismus neben sich duldeten. Ebenso, wie der Weizenhalm wächst, während sich das Unkraut einfach den Platz daneben nimmt und gedeiht. Es wird die Zeit kommen, in der das Unkraut herausgerissen und verbrannt wird. Die Kräfte Glaube, Hoffnung und Liebe, sind den Zeichenkindern als Waffe für die Schlacht, die längst begonnen hat, anvertraut worden!

Glaube, Hoffnung und Liebe, diese drei bleiben. Aber am größten ist die Liebe.

1. Korinther 13, 13

Diese drei Kräfte werden in dem gleichen Maße zunehmen wie die Kräfte der Zerstörung! In einer Zeit, in welcher der Terror seine Krallen über die ganze Welt ausgefahren hat und Angst große Schatten wirft, erhebt sich der Glaube wie ein riesiger Koloss! Während die Welt vor Schmerz stöhnt und grausame Nachrichten kein Ende finden, steigt die Hoffnung stark an. Während Egoismus die ganze Welt verblendet hat und die Spiegel der Eitelkeit an Wänden wirtschaftlicher Interessen hängen, liegt die schwache Gesellschaft dreckig und missbraucht im Staub. Nur eine tiefe Liebe ist fähig, dieses große Waisenkind an die Brust zu nehmen, um es zu stillen. Doch wie soll das gehen?

> *Dann hörte ich den Herrn fragen: „Wen soll ich senden? Wer wird für uns gehen?" Und ich sagte: „Hier bin ich, sende mich."*
> **Jesaja 6, 8**

Ist dir bewusst, dass du von Gott ausgesucht und genau zu dieser Zeit ausgesandt wurdest?

Er fragt dich persönlich. „Gehst du für mich? Bist du meine Hand, die tröstet, hilft und vor Schlägen schützt? Bist du mein Herz, das versteht und heilt. Bist du meine Füße, die vor keiner Not Angst haben und dorthin gehen, wo andere sich fürchten? Bist du bereit, an meiner Stelle den Glauben, die Hoffnung, und die Liebe in die Gesellschaft hinauszutragen?" Leider können nur wenige sagen: „Hier bin ich, sende mich!", denn zu groß sind noch die eigenen Wunden. Viele von uns liegen noch verwundet auf dem Schlachtfeld! Nur das Schlagen ihres

Herzens hält sie noch am Leben! Egoismus hat viele Familien zerstört, Bitterkeit hervorgerufen und die Herzen für Vergebung verstockt. Ablehnung hat viele verunsichert, ausgebeutet und missbraucht. Der Schmerz hat viele betäubt, geschwächt und den letzten Funken Hoffnung herausgedrückt. Der eigene Glaube ist schwach geworden und oft nur noch eine schwache Krücke. Wir müssen erkennen, dass wir arm, blind und nackt sind.

> *Du sagst: „Ich bin reich. Ich habe alles, was ich will. Ich brauche nichts!" Und du merkst nicht, dass du erbärmlich und bemitleidenswert und arm und blind und nackt bist.*
> **Offenbarung 3, 17**

Armsein an sich wäre kein Makel vor Gott. Doch zu glauben, wir wären reich, wo wir doch arm sind, ist ein Problem! Den Zustand der Armut anzuerkennen, wäre eigentlich die ideale Voraussetzung, um ein brauchbares Werkzeug für ihn zu sein. Ich bin sogar davon überzeugt, dass Gott diese Vorlage der Armut bewusst für unser Leben gelegt hat! Wenn wir uns unserer Armut bewusst wären, wüssten wir, dass wir Bedürftige sind! Doch wir schmücken uns mit dem Prunk des Stolzes und glauben, wir seien reich. Wir glauben ernsthaft, es alleine zu schaffen. Wie dumm! Zu lange haben wir uns auf uns selbst verlassen. Der Stolz war immer schon die größte Falltür in der Geschichte der Menschheit! Wie viele von uns werden hindurchfallen? Wir müssen erkennen, dass wir Hilfe von Gott brauchen, denn hinter diesem bewussten Armsein liegt sogar eine gewaltige Verheißung verborgen.

> *Glückselig sind, die geistlich arm sind; denn ihnen gehört das Himmelreich.*
> Matthäus 5, 3 NeueLuther 2009

Durch diese persönliche Wahrnehmung der eigenen Armut und Bedürftigkeit schaffen wir Zugang zum Himmelreich in uns. Großartig, nicht wahr? Doch das setzt Demut voraus. Wir müssen uns vor Gott demütigen und ihn bitten, dass er uns hilft!

Blindheit ist so eine Sache. Niemand will blind sein. Oft behaupten wir sogar, klar zu sehen, selbst wenn wir eigentlich eine Brille bräuchten. Ist es Eitelkeit oder Mangel an Einsicht? Nun, bis ich den Hirnschlag hatte, habe ich immer scharf gesehen. Der Sehnerv wurde dabei jedoch nicht mehr richtig durchblutet. Dadurch verschlechterte sich meine Sehkraft enorm. Doch ich wollte keine Brille. Irgendwann habe ich mir dann doch eine Brille beim Optiker machen lassen. Schlecht zu sehen ist eine Sache, blind zu sein eine ganz andere. In Offenbarung 3, 17 werden wir als blind bezeichnet. Dieses Blindsein zeigt unsere Orientierungslosigkeit und unseren Mangel an Einsicht auf. Wir glauben, so viel verstanden zu haben, und doch sind wir für unsere Sündhaftigkeit mit Blindheit geschlagen. Wir werden schuldig gegenüber Gott, uns selbst und anderen Menschen. Was die Einsicht unserer eigenen Schuld betrifft, sind wir oft blind. Wir verdrängen, verstecken oder schieben die Schuld auf andere. Das ist Blindheit! Schuld löst sich nie von selbst auf! Die DNA der Finsternis ist Stolz, die DNA Gottes jedoch Demut. Ein stolzes Herz wird die eigene Schuld immer auf andere schieben wollen.

Schuld löst sich nie von selbst auf! Das Gewicht der Schuld drückt die Seele zu Tode. Schuld kennt nur eine Auflösung - sie zu bekennen! In einem Zustand der Blindheit erkennen wir auch nicht, wo wir uns gerade befinden und wie weit wir vom Kreuz entfernt sind. Für Zeichenkinder gibt es nur einen Platz - nahe am Kreuz! Der dritte Zustand, den Johannes in Offenbarung 3, 17 anführt, ist die Nacktheit. Wir leben in einer Zeit, in der mit Nacktheit freizügig umgegangen wird. Die Haut wird mit Tattoos verziert, um Lebenseinstellungen nicht mehr nur mit Kleidern, sondern direkt auf der Haut auszudrücken. Die Haut ist das größte und sensibelste Organ des Menschen. Die Haut lässt uns Wärme, Kälte und Schmerz empfinden. Der Mensch von heute will sich wieder ganz spüren, will wieder zurück zum Ursprünglichen. Darin ist eine Sehnsucht zu erkennen! Es ist die Sehnsucht, zurück zu sich selbst zu wollen. Doch seit dem Sündenfall hat der Mensch sich selbst verloren. So ist das, was er zu guter Letzt finden wird, seine Selbstgerechtigkeit. Der Mensch ist in seinem Kern selbstgerecht. Was ist der Grund dafür, dass wir vom Propheten Johannes ausgerechnet als nackt bezeichnet werden? Ich denke, dass er mit Nacktheit Selbstgerechtigkeit gemeint hat. Das eigene Ich sitzt auf dem Thron!

> *Erkennt ihr denn nicht, dass ihr der Tempel Gottes seid und dass der Geist Gottes in euch wohnt?*
> **1. Korinther 3, 16 Neues Leben 2014**

Wenn wir diese Selbstgerechtigkeit erkennen, sitzen wir nicht länger selbst auf dem Thron, sondern geben den Platz für Gott frei. Dann wird sein Saum, seine Herrlichkeit, unser Leben ausfüllen. Das eigene Ich darf nicht länger den Thron beanspruchen. Nicht mehr unser Wille bestimmt unser Leben, sondern der Wille Gottes. Anzuerkennen, dass man arm, blind und nackt ist, ist die beste Voraussetzung, ein brauchbares Gefäß für Gott zu werden!

KAPITEL 8

GLAUBE

Glaube, Hoffnung und Liebe, diese drei bleiben. Aber am größten ist die Liebe.
1. Korinther 13, 13

Diese drei schöpferischen Kräfte gehören den Zeichenkindern! Der natürliche Mensch verfügt von sich aus nicht über dieses Maß an Glauben, Hoffnung und Liebe. Diese drei Kräfte aus sich selbst geschöpft, erschöpfen sich. Doch es scheint mir, als ob viele unter uns diese Kostbarkeiten noch gar nicht bemerkt hätten. Wir haben rechtmäßigen Zugang zu dieser Quelle!

Hört mir zu, meine lieben Brüder! Hat Gott nicht besonders die Armen in dieser Welt dazu erwählt, im Glauben reich zu sein? Sie werden das Reich Gottes erben, das er denen versprochen hat, die ihn lieben.
Jakobus 2, 5

Wir sind arm und dadurch bedürftig. Wir brauchen die drei Kräfte Glaube, Hoffnung und Liebe. Der Glaube ist unbeschreiblich schöpferisch. Glaube entwickelt seine ganze schöpferische Kraft aber nur da, wo er angewandt wird. Im Leben vieler Menschen liegt der Glaube brach.

Es gibt Menschen, die sagen, sie glauben, dass nur einer Gott ist, und dies scheint ihnen zu reichen. Doch Dämonen tun das auch und zittern. (siehe Jak. 2, 19). Glaube in Aktion jedoch zertrümmert die Angst, sei es die eigene oder die von anderen. Glaube in Aktion befreit von Misstrauen, sei es das eigene oder das anderer! Glaube in Aktion wirkt schöpferisch, wo nur noch Trümmer liegen, seien es die Trümmer des eigenen Lebens oder das der anderen. Glaube muss an Taten geknüpft sein, sonst ist er für nichts zu gebrauchen!

> *Es reicht nicht, nur Glaube zu haben. Ein Glaube, der nicht zu guten Taten führt, ist kein Glaube – er ist tot und wertlos.*
> **Jakobus 2, 17**

Zeichenkinder haben eine Bestimmung auf ihrem Leben - Gottes Glaubensträger zu sein! Zuerst für ihr persönliches Leben und dann für das Leben ihrer Nächsten. In der menschlichen Natur ist kein schöpferischer Glaube zu finden. Der Mensch braucht diesen puren, schöpferischen Glauben!

Wenn du schon einmal schwer krank warst oder tiefe Trauer dein Herz gelähmt hat; wenn du schon einmal in einer scheinbar ausweglosen Situation gesteckt hast, sodass deine Seele vor Angst zitterte, weißt du, was ich meine. Diese Angst legt sich wie eine klebrige hässliche Masse auf die Seele und drückt den Rest des natürlichen

Glaubens aus dir heraus. In der Natur des Menschen ist kein brauchbarer Glaube zu finden. Glaube, so groß wie ein Senfkorn aus Gottes Hand, ist bereits genug! Wir müssen uns von unserem Unglauben befreien. Der Akt des Bekennens reinigt das Gefäß, sodass sein Glaube hineinfließen kann.

Wenn sogar die Apostel im Glauben gestärkt werden wollten, wie viel mehr sollten wir gestärkt werden! Wir bedürfen einer Stärkung unseres Glaubens durch ihn. Der natürliche Glaube an sich ist nicht schöpferisch. Darum bringt er auch rein gar nichts Schöpferisches hervor. Ja, jeder Mensch glaubt, auch wenn er an nichts glaubt. Dieses Vertrauen ist in jeden Menschen gelegt. In den einen mehr, in den anderen weniger. Dies ist aber nicht der Glaube, von dem Jesus spricht.

> *Durch den Glauben verstehen wir, dass die Welt auf Gottes Befehl hin entstand und dass alles, was wir jetzt sehen, aus dem entstanden ist, was man nicht sieht.*
> **Hebräer 11, 3**

Der Glaube entsteht aus dem Unsichtbaren. Dies zeigt uns die wahre Quelle des schöpferischen Glaubens auf. Mit anderen Worten, der Glaube wird im Unsichtbaren geboren. Sichtbares verunsichert uns oft. Dies können Dinge sein wie die eigene Krankheit; zusehen müssen, wie ein lieber Mensch schwer krank dem Tod entgegen geht; wie eine Ehe in bedrohlicher Schieflage steht; wie Kinder in bedrückenden Situationen festhängen; wie ein finanzielles Loch im Geldbeutel nicht zu stopfen ist oder wie bereits der fünfte Monat der Arbeitslosigkeit vorüber ist, ohne Aussicht auf eine Festanstellung. Eine schwere Situation fordert geradezu unsere Aufmerksamkeit. Sie bestimmt unseren Blick, um ihn an den Schmerz zu binden.

Wir sind arm an Glauben und bedürftig! Wir müssen wissen, dass wir aus unserem natürlichen Menschen keinen schöpferischen Glauben ziehen können. Unser natürlicher Glaube erschöpft sich bei einem geistlichen Kraftakt. Nicht wahr? Hast du auch schon einmal erlebt, dass sich ein Goliat-Problem vor dir aufgebäumt hat und du vor Angst und Schrecken am Liebsten davongerannt wärst? Nein? Dann solltest du vielleicht mal wieder zurück aufs Schlachtfeld! Wenn ja, dann kennst du diese Ohnmacht, nichts Glorreiches mit deinem kümmerlichen Glauben ausrichten zu können. Es sei denn, du hast bereits den Zugang zu diesem kostbaren schöpferischen Glauben gefunden, von dem sogar die Größe eines Senfkorns genügt, um diese Goliats mit einem Schlag zu töten.

> *„Wenn euer Glaube nur so klein wäre wie ein Senfkorn", antwortete der Herr, „könntet ihr zu diesem Maulbeerfeigenbaum sagen: `Du sollst dich entwurzeln und ins Meer werfen´, und er würde euch gehorchen!*
> **Lukas 17, 6**

Goliat Angst

Goliat war ein Philister. Angst, Zweifel und Misserfolg sind die Goliats unserer Zeit. Das sind die Philister, die das Land des Glaubens erobern wollen. Diese drei Geister haben es auf unser Denken abgesehen. Sie haben alle das gleiche Ziel - die Zerstörung des Glaubens. Die Angst presst den Glauben aus, der Zweifel macht ihn instabil und der Misserfolg stiehlt ihm den Antrieb. Ich habe die Erfahrung gemacht, wenn einer von diesen Geistern sichtbar ist, befinden sich die beiden anderen in unmittelbarer Nähe. Weil sie so subtil in unser Denken einbrechen, kann es sein, dass man sie lange Zeit nicht bemerkt. Leider oft erst dann, wenn das Land des Glaubens bereits brachliegt. Ich möchte dich sensibilisieren und dir zeigen, dass Ängstlichkeit in erster Linie nicht von einer Persönlichkeit oder Erziehung herrührt. Vielmehr sind es geistliche Mächte, denen wir nicht einfach unser Land überlassen dürfen! Mit Zweifel und Misserfolg ist es nicht anders. Es wird Zeit, dass wir Widerstand leisten! Ich werde in diesem Kapitel versuchen, diese Geister zu beschreiben und dich bitten, in dein Leben hineinzuschauen. Frage dich einmal selbst, wovor du dich eigentlich fürchtest? Was ist der Grund für deine Zweifel? In welchem Bereich hast du dich aufgegeben? Zu wissen, wer uns gegenübersteht, vereinfacht den Kampf zwar nicht, aber unsere Treffsicherheit wird damit um ein Vielfaches erhöht. So sind wir überhaupt erst in der Lage, dieses Gesindel von unserem Glauben fernzuhalten.

Goliats stapfen unaufgefordert in unser Leben hinein und hinterlassen ein Bild der Verwüstung. Ich kenne keinen, der sich höflich angemeldet hätte. Nein! Sie sind alle ungebeten in mein Leben getrampelt. Und ja, es gibt mehrere davon. Sie haben alle das gleiche Ziel: Sie wollen unseren Glauben töten. Einer dieser Goliats ist die Angst. Angst hat verschiedene Gesichter. Zu denken, man wäre frei davon, ist der deutlichste Hinweis darauf, dass man noch voller Angst ist. Es wäre ein Trugschluss zu denken, die Angst sei nicht da, nur weil wir ihr noch nicht bewusst ins Gesicht geschaut haben.

Angst greift unbemerkt an. Sie ist wie ein Räuber, der nur in der Nacht auftaucht, um dein Haus zu plündern. Angst beschneidet immer deine Freiheit, immer! Angst ist ein hässlicher Geist, der sich sehr gut zu verstecken weiß. Ich rede nicht von Besessenheit! Er beherrscht nicht unseren Geist, sondern vergiftet lediglich unser Denken. Er dockt von außen an. Er erschreckt, schüchtert ein und verunsichert den Menschen. Er macht unser Denken marode und betäubt unseren Glauben. Wenn wir es mit irgendeiner Form von Angst zu tun haben, müssen wir erkennen, dass es ein gut geplanter Frontalangriff auf unseren Glauben ist.

Angst gehört nicht zu unserer Persönlichkeit. Sie gehört auch nicht ins Reich Gottes! Im Gegenteil, Angst ist aus der Hölle heraufgestiegen, um die Menschen einzuschüchtern.

An dieser Stelle möchte ich deutlich machen, dass ich mir wohl bewusst bin, dass es eine natürliche gesunde

Vorsicht gibt. Mit anderen Worten, ein Bewusstsein von bestimmten Gesetzmäßigkeiten.

Wenn ich von einem zehn Meter hohen Felsen kopfüber in ein Gewässer springe und die Tiefe von drei Metern ignoriere, werde ich mit großer Wahrscheinlichkeit beim Auftauchen ein massives Problem haben, falls ich überhaupt wieder auftauche. Damit möchte ich sagen, dass wir schon unseren Kindern Vorsichtsmaßregeln beigebracht haben, wie zum Beispiel: „Messer, Gabel, Schere, Licht damit spielt das Kinde nicht!" Diese Regeln sind dafür da, um den Schutz in einer Zeit zu erhöhen, in der ein Kleinkind den Umgang mit diesen Dingen noch nicht abschätzen kann. Wir müssen Gott darum bitten, unsere Urteilsfähigkeit zu schärfen, während wir geistlich erwachsen werden.

Doch der Geist der Angst kommt in einer ganz anderen Form. Die Angst ist eine hochgiftige Macht und beschneidet uns in unserer Bestimmung als Menschenkinder! Menschenfurcht zum Beispiel hält uns in einer Art „Kopie-Schachtel" gefangen. So wird es schwer, sich zu dem Original zu entwickeln, welches Gott sich ausdachte, als er dich und mich schuf. Durch Menschenfurcht bleiben wir in einer farblosen Unauffälligkeit gefangen. Es könnte sein, dass wir abgelehnt werden, wenn wir den Mut hätten, ein Original zu sein. Wir wären gar den richtenden Blicken der Menschen ausgesetzt, obwohl Gott doch ganz bewusst die Vielfalt erschaffen hat! Schau dir nur einmal deinen Fingerabdruck an. Niemand auf dieser Welt hat denselben Abdruck wie du, und die meisten unter uns haben zehn davon! Ich bin kein Rechengenie, aber wenn ich mir das überlege, komme ich auf eine gewaltige Vielfalt. Trotzdem verstecken sich viele von uns in der Masse. Ich bin gewiss kein Paradiesvogel, aber ich erfreue mich an ihnen. Ich liebe die Stillen ebenso wie die Lauten, die Tiefgründigen und die Einfachen. Ich lerne von Kindern genauso wie von alten Menschen und von Behinderten genauso wie von Intellektuellen. Der Mensch in seiner Besonderheit ist das Meisterwerk der Schöpfung. Gott hat ihn einzigartig geschaffen, doch der Mensch hat sich selbst zur Massenware abgewertet.

Mein Papa hatte einige Schwierigkeiten im Leben, mit sich selbst und mit anderen. Doch er war immer ein absolutes Original. Kantig und eigen und auf seine Weise liebenswert. Nie hat es ihn gekümmert, was die Leute reden. Und glaube mir, die Leute haben viel über ihn geredet. Diese Lebenssichtweise hat mich inspiriert, es ihm gleichzutun. Ich lasse mich nicht mehr von Ablehnung erschrecken.

Da gibt es diese Geschichte von Elisa. Ich begegnete ihr zu einem Zeitpunkt, als ich Gott noch nicht kannte. In einem der Pflegeheime, in dem ich damals arbeitete, lebte sie in einem Einzelzimmer. Sie war ans Bett gefesselt und konnte nur noch den rechten Arm und den Kopf bewegen. Alle drei Stunden musste sie neu gelagert werden, von einer Seite zur anderen. Sie lebte von sechs Bechern Joghurt am Tag und von Wasser aus der Schnabeltasse. Soviel ich weiß, dauerte dieser Zustand sechs Jahre, bis sie schließlich starb. Ihre Atemwege waren ständig verschleimt, sodass sie nur schwer atmen konnte. Ihre Hülle war dürr und schwach und ihre Seele müde

- bereit, endlich heimzugehen. Gleichzeitig war sie ein wunderschöner Mensch, randvoll mit Liebe! Ich habe bis zum heutigen Tag niemanden getroffen, der so war wie sie. Meine Bewunderung gehört uneingeschränkt Menschen, die in Selbstbeherrschung leben.

Sie hatte einen zerbrechlichen Körper, aber ihr Geist war wach. Wenn ich ihr Zimmer betrat, rief sie: „Jesus liebt dich, wann wirst du ihn zurücklieben?" Von einer Schwester wurde sie verächtlich als Verrückte bezeichnet, mich hingegen faszinierte sie. Mir gefiel, dass sie ein Original war, bereit, abgelehnt zu werden. Schwach und ausgeliefert lag sie in ihrem Bett, auf Hilfe angewiesen. Heute weiß ich, dass ihr klar war, dass ich mehr Hilfe benötigte als sie. Wie recht sie hatte! Ich kann mich nicht erinnern, sie jemals unfreundlich oder jammernd vorgefunden zu haben. Glaube mir, sie hätte allen Grund gehabt. Sie war besonders! Oft bat sie mich, nur einen Vers aus der Bibel vorzulesen. Ich war nie sonderlich begeistert und tat es mehr aus Mitleid als aus Freundlichkeit oder gar Güte. Den ganzen Tag über murmelte sie dann diesen Vers vor sich hin und schien sich förmlich davon zu ernähren. Vielleicht bat sie mich aber auch, daraus vorzulesen, um mich mit der Bibel vertraut zu machen, wer weiß? Sie nützte jeden Augenblick mit mir alleine, um die Liebe Gottes an mich weiterzugeben. Soweit ich mich erinnern kann, sprach sie immer über die Liebe. Sie sagte: „Der Vater im Himmel ist nicht zornig auf dich. Er hat Jesus geschickt, um dir zu helfen. Er hat alles für dich gegeben, weil er dich liebt!" Immer und immer wieder sagte sie mir das, bis mein Herz bereit war. Ein Jahr dauerte es, bis ich diese Worte der Liebe annehmen konnte und Jesus mein

Leben anvertraute! Danke, Elisa, dass du bis zuletzt ein Original warst und den Mut hattest, abgelehnt zu werden. Nie werde ich vergessen, welche Stärke in deiner Schwäche verborgen war. Wir sehen uns wieder.

Angst vor dem Tod ist eine weitere Form der Angst. Diese Macht erscheint mir wie ein kleiner Wicht, der über ein ungeheures Stimmvolumen verfügt. Dadurch vermag er immer wieder großen Schrecken zu verbreiten. Ich habe ihn in meinem Leben schon brüllen gehört, doch der Tod kann uns nichts mehr anhaben, wenn wir Jesus Christus als Erlöser annehmen, denn er hat seinen Schrecken verloren. Ich war viele Male dabei, wenn Menschen starben. Mit neunzehn Jahren, gleich nach meiner Lehre zur Bürokauffrau, arbeitete ich als Schwesternhilfe im Pflegeheim. Ich glaube, es war der am schlechtesten bezahlte Job, den ich je hatte. Aber gleichzeitig wurde ich für das ganze Leben beschenkt. Das Arbeiten mit Menschen gefiel mir viel besser als meine Lehre. Ich weiß nicht, wie vielen Menschen ich beim Sterben die Hand gehalten habe. Einige starben friedlich, andere in furchtbarer Unruhe. Einige litten Schmerzen, andere schliefen einfach ein. Einige lächelten, andere verzogen ihr Gesicht. Bis der Tod eintrifft, findet ein ähnlicher Ablauf wie bei der Geburt statt. Man kann ungefähr sagen, wann es stattfindet. Es gibt körperliche Anzeichen, die auf das baldige Ereignis hinweisen. Und doch gibt es immer wieder Ausnahmen.

Ich bin zu der Überzeugung gelangt, dass die Art und Weise, wie jemand stirbt, keinen Rückschluss auf den geistlichen, sondern auf den seelischen Zustand gibt.

Die Versöhnung oder das Hadern mit der eigenen Vergangenheit ist mehr zu spüren als irgendetwas anderes. Die geistliche Realität der Errettung oder des Verlorenseins ist erst nach dem Eintreffen des Todes greifbare Wirklichkeit. So sind viele der Überzeugung, dass jemand einfach sanft in den Himmel hinübergeht, wenn er friedlich einschläft. Nur bedingt stimme ich dem zu. Da jeder, der stirbt, zuerst in einen Raum eintritt, der sich irgendwo in den himmlischen Regionen befindet, stimmt diese Ansicht bis hierher. Das Hineintreten in diesen Raum bringt gleichzeitig auch ein Hineintreten in ein anderes Zeitempfinden mit sich.

> *Denn für dich [Gott] sind tausend Jahre wie der gestern vergangene Tag, wie wenige Stunden nur!*
> **Psalm 90, 4 (Klammer hinzugefügt)**

Bis zum Tag des Gerichts, an dem wir vor Gott Rechenschaft ablegen werden, Gerechte wie Ungerechte! Da das Leiden unseres Daseins oder unseres Todes keinen Rückschluss auf unseren geistlichen, sondern auf unseren seelischen Zustand zulässt, befinden wir uns erst in den letzten Tagen, aber noch nicht am letzten Tag - dem Tag des Gerichts. An diesem Tag werden wir nur bestehen können, wenn wir Jesus Christus bewusst als Retter angenommen haben! Diese Errettung macht uns deutlich, dass wir Hilfe brauchen und selbst durch nichts gerecht werden können, als allein durch ihn. Nur als Gerechte werden wir eine Wohnung im Himmel aller Himmel finden! Für Ungerechte wird dort kein Platz sein.

> *Simeon aber segnete sie und sagte zu Maria: „Dieses Kind wird von vielen in Israel abgelehnt werden, und das wird ihren Untergang bedeuten. Für viele andere Menschen aber wird er die höchste Freude sein ..."*
> **Lukas 2, 34**

Jesus Christus wird dort, wo wir sein Erlösungswerk ablehnen, zum Fall unseres Lebens und dort, wo wir sein Erlösungswerk annehmen, zu unserer höchsten Freude! So gibt es viele Gesichter der Angst. Die Liste ist lang. Ich möchte dir von einem Schnellsucher der Angst, wie ich ihn nenne, berichten. Hast du schon einmal überlegt, wovor du wirklich Angst hast? Damit meine ich etwas, was dich wirklich bedroht, wenn du es verlieren würdest. Etwas, das dich so unendlich stark schmerzen würde, dass dessen Verlust dich lebensunfähig machen würde. Ich rede nicht von einer natürlichen Trauer, die jeder Mensch durchlebt, wenn er jemand verliert, den er liebt. Im Gegenteil, eine Trauerphase ist sogar wichtig für das Loslassen eines geliebten Menschen.

Nein, ich rede von einer tiefen Angst, die durch den Verlust dieses kostbaren Etwas den Willen zum Leben brechen würde. Dadurch wirst du unbewusst versuchen, alles, was dieses kostbare Etwas bedroht, zu vernichten. Weshalb? Weil es auf dem Thron deines Lebens sitzt! Es ist der eigentliche Dreh- und Angelpunkt deines Lebens. Da gibt es drei „Könige" die diesen Thron beanspruchen wollen: das eigene Ich, dieses kostbare Etwas und der Heilige Geist! Wir lernen aus der Geschichte, dass unser Leben im Chaos versinkt, wenn unser Ich auf dem Thron sitzt. Wir erleben, dass unser Leben von Verlustangst diktiert wird, wenn dieses kostbare Etwas auf dem Thron sitzt. Doch wenn der Heilige Geist diesen Platz erhält, wird Leben in ganzer Fülle möglich. Nun, das setzt eine Portion Demut voraus.

Was ist zum Beispiel ein solches kostbares Etwas? Es kann dein Partner sein, dein Kind oder sonst ein geliebter Mensch, deine Arbeitsstelle, dein Lebensstil, dein Haus, dein Luxus, dein Ansehen, deine besondere Stellung, deine Bildung, der Respekt, im Mittelpunkt zu stehen, dein Wichtigsein, das Gebrauchtwerden, das Akzeptiertwerden oder das Geliebtwerden. Wenn ein solches kostbares Etwas auf dem Thron unseres Lebens sitzt, werden wir mit allen uns zur Verfügung stehenden Mitteln versuchen, es zu stärken und zu schützen. Wir tun dies jedoch, ohne zu wissen, dass unsere eigentliche Motivation die Angst davor ist, es zu verlieren! Wenn du jetzt gemerkt hast, dass Angst in deiner Vergangenheit Spuren der Verwüstung hinterlassen hat, die heute noch in deinem Leben sichtbar sind, möchte ich dir empfehlen, folgendes Gebet laut auszusprechen:

Vater Gott, bitte vergib mir, dass ich mich von dieser kümmerlichen Angst/diesen kümmerlichen Ängsten von ____________ erschrecken ließ. Jesus Christus, du hast mich durch das Kreuz von dieser Angst/diesen Ängsten befreit! Ich entscheide mich dazu, meinen Glauben zu schützen. Durch dich bin ich fähig geworden, diese Angst/Ängste von ____________ zu überwinden. Ich bekenne vor der sichtbaren und unsichtbaren Welt: Ich lasse mich nicht mehr länger von dieser Angst einschüchtern! Denn du, Jesus Christus, hast mich frei gemacht. Danke! Ich empfange jetzt deinen schöpferischen Glauben und lasse mich ganz von dir füllen, im Namen Jesu Christi. - Amen.

Goliat Zweifel

Aber wer ihn [Gott] fragt, soll auch wirklich mit seiner Antwort rechnen! Denn einer, der zweifelt, ist so aufgewühlt wie eine Meereswoge, die vom Wind getrieben und hin- und hergeworfen wird.
Jakobus 1, 6 (Klammer hinzugefügt)

Ein anderer Goliat ist der Zweifel. Ein geduldeter Zweifel ist wie Ungeziefer im eigenen Garten. Du wirst lange Zeit nichts von dem Schaden bemerken, den dieser kleine Übeltäter angerichtet hat - erst, wenn er sichtbar wird. Schlimmer noch ist es, wenn du dieses Ungeziefer gar für ein schönes Insekt hältst. So ist es mir ergangen. Ich habe prächtige Buchsbaumkugeln in meinem Garten. Eine davon ist mehr als zwei Meter hoch. Als der Buchsbaumzünsler (der Schädling) in unseren Garten einzog, war ich ganz entzückt über die schönen, weißen Schmetterlinge auf den Buchsbäumen. Ich liebe die Farbe weiß und ich liebe Schmetterlinge. Ich kann mich erinnern, wie beschenkt ich mich fühlte, gleich so viele anzutreffen. Bis ich eines Tages sah, was sie angerichtet hatten.

Zweifel zerpflücken deinen Glauben, und wenn du ihn unbemerkt gewähren lässt, wird am Ende nur noch ein Gerippe von deinem Glauben übrigbleiben. Mein Nachbar musste einige seiner Buchsbäume - oder das, was von ihnen übriggeblieben war - verbrennen, um den Schaden in seinem Garten einzudämmen. Genau so müssen wir mit dem Geist des Zweifels umgehen. Wir schicken ihn dorthin zurück, wo er hergekommen ist - ins Feuer. Auch der Zweifel versucht, sich in unser Denken einzunisten und Strukturen zu knüpfen, die unser Handeln einschränken und fesseln. So kann es sein, dass wir von einer Lebenssituation hören, die unserer sehr ähnlich ist, aber tragisch endete. Wir nehmen das Gehörte auf, übertragen es auf unser Leben und merken dabei gar nicht, dass wir verunsichert und entmutigt zurückbleiben. Wir hören uns die schlechten Nachrichten an, lesen Zeitung und diskutieren über das Schreckliche in der Welt. Nun, natürlich bist du frei, alles zu lesen, was du möchtest. Ich mache dich nur darauf aufmerksam, dass es negative Auswirkungen auf deinen Glauben haben kann.

Sollten wir uns nicht vielmehr gegenseitig ermutigen und aufbauen? Einander im Glauben zu stärken, uns gegenseitig anzuspornen und nach Wundern Ausschau zu halten, wäre doch unsere Bestimmung. Es macht mich tieftraurig, wenn ich kümmerliche, selbstgefällige Berichte höre, die eigentlich nur die eigene Größe unterstreichen. Viel zu lange haben wir den mächtigen und großen Gott so klein und kümmerlich aussehen lassen. Es ist ein offenes Geheimnis, dass es eine schlechte und bedenkliche Grundlage ist, sich eine eigene Plattform der Ehre zu schaffen.

Der Geist des Zweifels ist mir nur zu gut bekannt. Als ich mich nach dem ischämischen Hirnschlag in der Regenerationsphase befand, schien es mir, als würde ich nicht mehr ins normale Leben zurückfinden können. Es fühlte sich an, als würde ich von 120 km/h auf 10 km/h heruntergebremst werden. Ich hatte vieles vergessen - Namen, Erlebnisse und Worte. Ich zog mich von den Menschen zurück und war am liebsten allein. Meine Konzentration war träge geworden. So konnte ich mich nur schwer an Gesprächen beteiligen. Die Worte, die Menschen an mich richteten, kamen mir vor wie Schnellzüge, die an mir vorbeirasten. Ich lächelte einfach, auch wenn ich nur Bruchstücke verstand. Ich verlor allmählich das Zugehörigkeitsgefühl. Es wurde schwierig für mich, in Beziehung mit Menschen zu treten. Für einfache Hausarbeiten brauchte ich dreimal so lange wie früher.

Ich hatte keine sichtbaren, körperlichen Einschränkungen, nur diese furchtbare Zeitlupe in meinem Kopf. Ich schämte mich, mit Manuel einkaufen zu gehen, denn mein ganzer Körper schwankte beim Gehen und es sah aus, als ob ich getrunken hätte. In meinen Augen nützte ich meiner Familie und der Gesellschaft nicht mehr viel – fühlte mich unbrauchbar, wertlos und von Gott vergessen.

Wie blind ich doch war! Wenn du in einer Lebenssituation festsitzt, die ausweglos scheint, möchte ich dir sagen, dass dies die beste Voraussetzung für ein Wunder ist! Zweifel nagten wie Borkenkäfer an der Rinde meines Lebensbaums. Der Kampfgeist in mir hatte sich schlafen gelegt. „Werde ich mich jemals wieder richtig mit Worten ausdrücken können?" Meine Persönlichkeit, mein ganzes Leben und meine Bestimmung schienen radikal beschnitten worden zu sein. Würde dieser kümmerliche Stumpf von einem Baum wieder zu vollem Leben kommen? Ich glaubte nicht mehr daran.

Der Geist des Zweifels bewacht die Tür des Durchbruchs! Er weiß um unsere Bestimmung. Der Kampf findet in unserem Denken statt. Wir dürfen dem Zweifel keine Aufmerksamkeit schenken, denn er ist ein Lügner! Wenn du nun erkannt hast, dass Zweifel ein Thema in deinem Leben ist, möchte ich dir empfehlen, folgendes Gebet laut auszusprechen:

Vater Gott, bitte vergib mir, dass ich mich von diesem kümmerlichen Zweifel einschüchtern ließ. Ich bitte dich, Jesus Christus, mache mich ganz frei von Zweifel! Ich bitte dich, schütze meinen Glauben und zeige mir, dass ich durch dich fähig geworden bin, diesen Zweifel als Lüge zu erkennen. Ich bekenne vor der sichtbaren und unsichtbaren Welt: Ich werde keiner Lüge mehr Glauben schenken! Denn du, Jesus Christus, hast mich freigemacht. Danke! Ich empfange jetzt einen schöpferischen Glauben und lasse mich ganz von dir füllen, in Jesu Christi Namen. - Amen.

Goliat Misserfolg

Der dritte Goliat ist der Misserfolg. „Ich habe es bereits versucht, aber es hat nichts gebracht.“ Diese Feststellung habe ich schon oft gehört. Ich unterrichte in meinem kleinen Studio seit vielen Jahren Pilates. Das ist eine Sportart, in der es erstrangig um den Kraftaufbau des Oberkörpers geht. Jeder Mensch hat in seinem Körper eine Schwachstelle, die mit Schmerz reagiert, wenn sie über einen gewissen Zeitraum hinweg ignoriert wird. Die einen sind sensibel in einem Bereich der Wirbelsäule, andere überfordern immer mal wieder ihre Gelenke, bis diese mit Schmerz reagieren. Wieder andere gönnen sich keine Entspannung und die Muskeln verkürzen sich. Die Liste könnte noch weiter ergänzt werden. Doch immer wieder höre ich denselben Satz: „Ich habe es bereits versucht, aber es hat nichts gebracht".

Es ist wirklich so. Sie haben es versucht - einmal, zweimal, dreimal, doch der Schmerz ist geblieben. Der Misserfolg brüllt uns seinen Schlachtruf entgegen: „Gib auf!" Wir hören auf dieses Brüllen und glauben, dass wir grundsätzlich falsch liegen. Doch vielleicht sollten wir einfach nur die Richtung ändern. So erzählte mir eine Frau von Schmerzen in ihrer Lendenwirbelsäule, welche besonders nach dem Aufstehen schier unerträglich waren. Diszipliniert trainierte sie ihren Bauch und Rücken, aber nichts half. Dann gab sie auf, überzeugt davon, das Training wäre schlecht für sie. Entmutigt und an Lebensqualität beraubt stand sie vor mir. Ich fragte sie nach ihrer Schlafposition. „Bauchlage", war ihre Antwort. Ich weiß, dass eine sensible Lendenwirbelsäule unter dem Schlafen in Bauchlage leiden kann. Wir redeten darüber und ich legte ihr nahe, sich diese Schlafposition abzugewöhnen und in Zukunft in Rücken- oder Seitenlage zu schlafen. Ich gab ihr noch eine spezielle Dehnübung mit und wir verabschiedeten uns. Eine Woche verging und der Schmerz war auf zwanzig Prozent gesunken. Eine weitere Woche verging und die Frau war schmerzfrei. Heute weiß sie um ihren Schwachpunkt und wie sie diesen schützen kann. Es geht um das Finden des Schwachpunktes.

Genauso ist es im geistlichen Bereich. Manchmal müssen wir einfach nur die Richtung wechseln. Wir dürfen nur nicht aufgeben. Vielleicht hast du aufgehört für dein persönliches Leben zu hoffen, zu glauben und zu lieben, weil die Umstände sich nicht geändert haben. Vielleicht hast du es aufgegeben, für kranke Menschen zu beten, weil nie jemand geheilt worden ist. Vielleicht hast du aufgehört, Menschen vom Evangelium zu erzählen, weil sich nie jemand für Jesus entschieden hat. Vielleicht hast du aufgehört, für dein Kind, deinen Ehepartner oder sonst jemanden zu beten, weil es in deinen Augen nichts gebracht hat. Du bist entmutigt, deiner Lebensfreude beraubt und hast aufgegeben. Es gibt hundert Gründe, warum es nicht funktioniert haben könnte. Finde deinen persönlichen Grund heraus! Frage Gott! So, wie nicht alle Lendenwirbelsäulen-Probleme mit der richtigen Schlafposition gelöst werden können, gibt es auch kein Allgemeinrezept für deine Last.

Darf Jesus dir deinen Schwachpunkt zeigen? Darf er dich darauf ansprechen? Könnte es sein, dass der Mangel von Hoffnung, Glaube und Liebe dich an deinem Leben zweifeln lässt? Könnte es sein, dass wir mit unserer wertenden Haltung Menschen sogar den Weg zu Gott versperren? Könnte es sein, dass deshalb niemand durch unsere Gebete geheilt wird, weil wir es selbst nicht glauben? Könnte es sein, das es unseren nicht erhörten Gebeten an Liebe mangelt? Könnte es sein, dass wir nur unsere eigene Ehre suchen? Könnte es sein, dass Religiosität alles Leben aus unseren Familien herausgedrückt hat und unsere Kinder darum unseren Glauben ablehnen und rebellieren? Könnte das sein? Wir sind alle bedürftig und bleiben bedürftig.

Die Goliats der Angst, des Zweifels und des Misserfolges sind gekommen, um unseren Glauben zu zerstören. Die gute Nachricht ist: Wir sind in der Lage, diese Goliats zu besiegen! Wenn du nun gemerkt hast, dass Misserfolg dich entmutigt hat und du vielleicht sogar resigniert oder aufgegeben hast, möchte ich dir empfehlen, folgendes Gebet laut auszusprechen:

Vater Gott, bitte vergib mir, dass ich mich durch den Misserfolg entmutigen und vielleicht sogar zum Aufgeben verleiten ließ. Ich bitte dich, Jesus Christus, führe mich in alle Wahrheit und zeige mir auf, was ich übersehen habe. Ich bitte dich, schütze meinen Glauben und zeige mir, dass ich durch dich fähig geworden bin, Misserfolg zu überwinden. Ich bekenne vor der sichtbaren und unsichtbaren Welt: Ich lasse mich nicht länger von Misserfolg aufhalten und stehe wieder auf! Denn du, Jesus Christus, hast mich frei gemacht. Danke! Ich empfange jetzt deinen schöpferischen Glauben und lasse mich ganz von dir füllen, im Namen Jesu Christi. - Amen.

Bestimmt, zu siegen

Goliat stellte sich hin und rief zu den Israeliten hinüber: „Braucht ihr ein ganzes Heer, um diesen Streit zu entscheiden? Stehe ich nicht für die Philister und ihr für Saul? Wählt einen Mann aus, der zu mir herunterkommt. Wenn es eurem Mann gelingt, mich zu töten, werden wir eure Sklaven sein. Wenn ich ihm aber überlegen bin und ihn töte, seid ihr unsere Sklaven und müsst uns dienen. Ich fordere das Heer Israels heute heraus! Stellt einen Mann, der mit mir kämpft!"
1. Samuel 17, 8-10

Angst, Zweifel und Misserfolg sind gekommen, um unseren Glauben zu töten. Das ist der Auftrag, den sie von der Finsternis zugeteilt bekommen haben. Diese zerstörerischen Geister sind auf dem Schlachtfeld unseres Lebens erschienen, um unseren Gott zu verhöhnen und unseren Glauben zu töten. Wie riesig, bedrohlich oder kräftig sie auch wirken, wie laut ihr Brüllen auch ist, wir haben die bessere Chance auf einen Sieg.

„Mach dir keine Sorgen mehr", sagte David zu Saul. „Ich werde mit diesem Philister kämpfen!"
1. Samuel 17, 32

Keiner von uns soll den Mut sinken lassen, denn vor zweitausend Jahren ist der Eine hingegangen und hat den Kampf aller Kämpfe für uns gewonnen! Jesus Christus hat Satan auf Golgatha für immer besiegt. Durch seinen

Tod am Kreuz und seine Auferstehung hat er der Schlange den Kopf zertreten. Durch diesen Sieg sind wir frei von jeder Knechtschaft. Jesus Christus, der für uns starb und auferstand, ist genug! Mehr brauchen wir nicht! Jesus Christus in dir reicht aus. Dieses herrliche Licht wohnt in dir. Verstehst du? Er hat Wohnung genommen in dir. Durch ihn ist alles möglich! Jetzt bist du dran!

> *„Bin ich ein Hund", rief er David zu, „dass du mit einem Stock auf mich zukommst?" Und er verfluchte David im Namen seiner Götter. „Komm herüber, ich werde dein Fleisch den Vögeln und wilden Tieren vorwerfen!", rief er David zu. David rief zurück: „Du trittst mir mit Schwert, Speer und Wurfspieß entgegen, ich aber komme im Namen des Herrn, des Allmächtigen – des Gottes des israelitischen Heeres, das du verhöhnt hast. Heute wird der Herr dich besiegen und ich werde dich töten und dir den Kopf abhauen. Und dann werde ich die Leichen deiner Männer den Vögeln und wilden Tieren vorwerfen, und die ganze Welt wird wissen, dass es einen Gott in Israel gibt! Und jeder wird wissen, dass der Herr keine Waffen braucht, um sein Volk zu retten. Es ist sein Kampf. Der Herr wird euch in unsere Hände geben!"*
>
> **1. Samuel 17, 43-47**

Goliats werden uns immer vermitteln wollen, wir hätten bereits verloren. Sie wollen, dass wir aufgeben, bevor wir überhaupt angefangen haben, zu kämpfen. Denn sie wissen, wenn wir im Namen des lebendigen Gottes kommen, bewaffnet mit dem Stein der Wahrheit, sind wir in der Lage, sie zu töten! Sie scheinen unbesiegbar, sind es in Wahrheit aber nicht. Sie demonstrieren ihre kümmerliche Ohnmacht mit lautem Geschrei und versuchen, uns dadurch zu blenden. Weshalb? Weil sie sich ihrer Niederlage mehr bewusst sind, als wir uns unseres Sieges! Doch wir dürfen uns nicht einschüchtern lassen. David gebraucht hier ein kraftvolles, prophetisches Wort. Er zählt die kümmerlichen Waffen seines Feindes auf und prophezeit, dass er ohne Waffe, jedoch im Namen Gottes, den Philister töten wird! Im Namen Gottes ist die Kraft des schöpferischen Wortes des Glaubens verborgen. David ist sich der Kraft und Autorität Gottes absolut bewusst. Viele denken, Davids großer Mut hätte ihn in den Kampf gegen Goliat gedrängt. Ich glaube jedoch, dass es nicht sein Mut war, der ihn antrieb, sondern die Erkenntnis der Größe Gottes.

> *Als der Philister sich auf ihn zubewegte, um ihn anzugreifen, lief David ihm rasch entgegen.*
> **1. Samuel 17, 48**

Wir lassen uns nicht mehr einschüchtern von diesem Feind. Wir laufen ihm entgegen und zeigen damit, dass wir es mit ihm aufnehmen werden. Wir sehen nicht mehr länger seine Überlegenheit, sondern unsere Chance zu siegen!

> *Er griff in seine Hirtentasche, holte einen Kiesel heraus, schleuderte ihn und traf den Philister an der Stirn. Der Stein bohrte sich in seine Stirn und er fiel*

> *mit dem Gesicht voran auf den Boden. So triumphierte David nur mit Stein und Schleuder über den Philister, besiegte und tötete ihn ...*
>
> **1. Samuel 17, 49-50**

Wir brauchen nur dieses Schwert und diesen einfachen Stein als Waffe, wenn wir gegen Goliats kämpfen. Ich möchte dir vorschlagen, das Bild dieses Kampfes zwischen David und Goliat nicht nur historisch zu betrachten, sondern auch eine prophetische Sicht darin zu erkennen. Die Goliats der heutigen Zeit haben es alle auf unser Denken abgesehen, nicht wahr? Sie sind Geister, die giftige Gedankengebäude mitbringen, die sie installieren wollen. Kann das der Grund sein, dass David auf Goliats Stirn zielte? Die Wahrscheinlichkeit, dass Goliat durch den Schlag auf die Stirn starb, ist gering, nicht wahr? Aus größerer Entfernung zielte David auf seinen Kopf, um ihn für eine gewisse Zeit außer Gefecht zu setzen. Er wählte bewusst keinen Nahkampf, sondern beabsichtigte, ihn aus der Distanz auf eine niedrigere Ebene als die eigene herunterzuholen. Weshalb schleuderte David diesen Stein aus der Distanz? Ich glaube, dass David wusste, welche Gefahr darin bestand diesem Goliat zu nahe zu kommen. Doch wenn er es schaffen würde, aus der Distanz seinen Kopf und somit sein Kontrollzentrum zu treffen, hätte er sich einen Augenblick Zeit verschafft, um ihm nahe zu kommen und ihn zu köpfen.

Genauso müssen wir es auch machen. Sobald wir erkannt haben, dass dieser Goliat ein Philister ist, wird es Zeit, einen Stein der Wahrheit zu nehmen und ihn treffsicher auf seiner Stirn zu platzieren. Wir müssen diese Goliats aus der Distanz treffen, mitten in ihr Denken hinein. Wir dürfen uns nicht auf einen Nahkampf mit ihnen einlassen. Vielmehr müssen wir sie mit einem Schlag mitten auf die Stirn unter unsere Ebene bringen. Der Schlag muss ins Zentrum ihres Vorhabens zielen, in ihr zerstörerisches Denken hinein. Und wie treffen wir sie mitten in ihr Denken? Indem wir die Stirn der Lügen mit der Wahrheit Gottes beschießen. Das Wort Gottes ist lebendig und macht unseren Glauben schöpferisch. Nur durch sein Wort ist das Wachstum des schöpferischen Glaubens möglich. Dadurch werden diese riesigen Goliats wie ein Baum gefällt werden. Der Moment des Nahekommens ist dann gegeben, sobald sie keine Macht mehr über unser Denken haben. Das ist der Zeitpunkt, an dem wir in der Lage sind, sie zu töten. Dann ist die Zeit gekommen, dieses Denken zu köpfen.

> *... Und weil er kein Schwert hatte, lief er hinüber, zog das Schwert des Philisters aus der Scheide, tötete ihn und schlug ihm den Kopf ab.*
> **1. Samuel 17, 50-51**

Die Krönung dieser Geschichte ist, dass David Goliat mit seinem eigenen Schwert köpft! Dies liest sich beinahe wie ein Witz. Dieser Koloss wird von David getötet und wird, als ob das nicht schon demütigend genug wäre, sogar mit seinem eigenen Schwert geköpft. Wofür steht das Schwert? Es ist das Gefühl des Glaubens! Mit diesem Gefühl des Friedens und der Sicherheit sind wir in der Lage, den Goliat zu köpfen. Damit kappen wir diese zerstörerischen Gefühle in unserem Leben. Gedanken des schöpferischen Glaubens vertreiben Gefühle der Unsicherheit und der Angst. Gedanken des schöpferischen Glaubens wecken ein Gefühl der Sicherheit und des Friedens. Gedanken und Gefühle sind in einem Kreislauf miteinander verbunden. Mit anderen Worten: Sie befruchten sich immer wieder gegenseitig. So stabilisiert der Glaubensgedanke die wankelmütige Seele und macht sie frei. Gefühle sind eine Momentaufnahme unseres Glaubens. Gefühle der Angst, des Zweifels und des Misserfolges wollen uns irreführen und uns glauben machen, dies wäre die Realität. Doch zeigt uns das in Wirklichkeit nur den Mangel an schöpferischem Glauben auf!

Wenn du erkennst, dass du arm an Glauben bist, ist dies die beste Voraussetzung dafür, dass durch dich große Dinge geschehen können.

Entwickle deinen Glauben

> *Und nun, liebe Freunde, lasst mich zum Schluss noch etwas sagen: Konzentriert euch auf das, was wahr und anständig und gerecht ist. Denkt über das nach, was rein und liebenswert und bewunderungswürdig ist, über Dinge, die Auszeichnung und Lob verdienen.*
>
> **Philipper 4, 8**

Durch diesen Vers will Paulus uns verdeutlichen, was unser Fokus sein soll: Alles, was rein, liebenswert und bewunderungswürdig ist; Dinge, die Auszeichnung und Lob verdienen. Wenn wir auf das Wahre fokussiert bleiben, können wir damit rechnen, dass immer gute Frucht hervorbrechen wird. Doch für alles Wahre gibt es auch ein Zerrbild. Ein Zerrbild des Wahren ist eine Täuschung. Täuschungen leiten uns fehl. Eine gute Täuschung wird nicht auf den ersten Blick erkannt, erst das Beobachten und die Zeit werden zeigen, welche Frucht hervorgebracht wird. Dein Denken bringt immer Frucht hervor, deshalb ist es so wichtig, über was du nachsinnst. Sinnst du über das Wahre nach, oder bist du einer Täuschung verfallen? Schau in deine Vergangenheit, sie wird es zeigen.

> *Ihr aber, Geliebte, erbaut euch auf euren allerheiligsten Glauben und betet im Heiligen Geist;*
> **Judas 20 (Schlachter)**

Der Brief von Judas ist wohl sehr kurz, aber voller Kostbarkeiten. Ich liebe diesen Vers. Ich liebe die Kraft hinter diesen mächtigen Worten. Er spricht uns nicht nur als Geliebte an, sondern erinnert uns auch daran, dass wir unseren Glauben selbst aufbauen sollen. Mit diesen Worten macht er klar, dass es sogar in unserer Verantwortung liegt, unseren Glauben stark zu machen. Mit diesem Vers zieht er uns zur Verantwortung und gibt uns die Anleitung dazu, wie wir dies umsetzen können. Betet im Heiligen Geist! Ich möchte dich bitten, dir diesen überaus großen Schatz mit mir anzusehen.

Das Beten im Heiligen Geist ist eine mächtige Art, seinen Glauben zu kultivieren. Wie ich schon deutlich gesagt habe, wächst der schöpferische Glaube allein durch das Wort Gottes. Weil das Wort Gottes das einzig lebendige Wort ist, ist es auch die einzige Quelle, um den schöpferischen Glauben zu mehren. Doch das Gebet im Heiligen Geist bringt den schöpferischen Glauben in dir dazu, aufzusteigen und hervorzusprudeln.

> *Wenn jemand in anderen Sprachen redet, wird er selbst dadurch im Glauben gestärkt …*
> **1. Korinther 14, 4 NeueLuther 2009**

Ich habe es mir zur Gewohnheit gemacht, oft in Zungen zu reden, um mich selbst zu erbauen. Das Reden in Zungen setzt die Geistestaufe voraus.

> *„Wenn aber selbst ihr sündigen Menschen wisst, wie ihr euren Kindern Gutes tun könnt, wie viel eher wird euer Vater im Himmel denen, die ihn bitten, den Heiligen Geist schenken."*
> **Lukas 11, 13**

Die Taufe im Heiligen Geist ist eine Tat großer Gnade und für alle Menschen gegeben; die Tür wird für jeden geöffnet werden! Wenn du noch keine Geistestaufe erfahren hast, möchte ich dir anbieten, folgendes Gebet laut auszusprechen:

Vater Gott, bitte schenke mir die Taufe im Heiligen Geist. Ich bin bereit, zu empfangen. Ich danke dir dafür, dass ich nun wie die Jünger an Pfingsten in neuen Sprachen sprechen kann. Heiliger Geist, sei willkommen, führe du nun meine Zunge. Ich weiß, dass ich jetzt die Taufe im Heiligen Geist empfangen habe und du mich mit der Kraft aus dem Himmel ausgestattet hast. Als dein Jünger, Jesus, möchte ich deine Werke tun. Danke, Heiliger Geist, für dein wundervolles Werk in mir. - Amen.

Öffne nun locker deinen Mund und spreche im Glauben aus, was der Heilige Geist dir gegeben hat. Es ist alles in dir, du musst es nur hinauslassen. Es wird eine andere Sprache sein als deine Muttersprache. Danke Gott dafür! Bete so oft wie möglich in neuen Sprachen und erbaue dich selbst. Spreche mit Abba Vater, der dich allezeit aus tiefster Liebe liebt. Am Anfang werden vielleicht nur einzelne Silben kommen, mit der Zeit werden sich diese zu Worten formen. Es ist vergleichbar mit der Sprache eines Babys, das zu sprechen beginnt. Es spricht auch nicht gleich ganze Sätze. Bete in deiner Zungensprache zu Gott, benutze aber auch deine Muttersprache im Gebet.

> *Denn wenn ich in Zungen bete, dann betet mein Geist; aber mein Verstand bringt keine Frucht. Wie soll es nun sein? Ich will beten mit dem Geist; und will auch beten mit dem Verstand; ich will Psalmen singen mit dem Geist und will auch Psalmen singen mit dem Verstand.*
> **1. Korinther 14, 14 NeueLuther 2009**

In diesem Vers ist sehr schön zu sehen, wie Paulus es machte. Er plädierte für ein Gleichgewicht zwischen Gebet im Geist und Gebet mit dem Verstand. Sollten wir nicht seinem Beispiel folgen?

KAPITEL 9

HOFFNUNG

Glaube, Hoffnung und Liebe, diese drei bleiben. Aber am größten ist die Liebe.

1. Korinther 13, 13

Diese Hoffnung, von der Paulus spricht, ist eine wundervolle Kraft. Diese Hoffnung ist lebendig! Diese Hoffnung begegnete uns in der tiefsten Dunkelheit unseres Lebens, als Jesus Christus uns durch die Erlösung von dort herausführte. Im ganzen Universum ist seine Hoffnung die einzige Hoffnung, die lebendig ist. So ist nur diese lebendige Hoffnung imstande, fruchtbar zu sein. Nur ihr ist es möglich, sich durch sich selbst zu vermehren. Diese göttliche Hoffnung verfügt über ein unaussprechlich hohes Fruchtbarkeitspotenzial! Die Wahrscheinlichkeit einer Vermehrung liegt bei hundert Prozent. Viele von uns haben diesen Schatz verschüttet. Dieser fruchtbaren Hoffnung ist es möglich, Schmerz und Entmutigung vollkommen aufzulösen. Vergebung ist der einzige Schlüssel, der die Tür der Hoffnung aufzuschließen vermag. Durch Vergebung wird das weite Land der Hoffnung erst betretbar.

> *Wenn ihr denen vergebt, die euch Böses angetan haben, wird euer himmlischer Vater euch auch vergeben. Wenn ihr euch aber weigert, anderen zu vergeben, wird euer Vater euch auch nicht vergeben.*
>
> **Matthäus. 6, 14-15**

Wenn wir glücklich bleiben wollen, können wir uns keinen Lebensstil der Unvergebenheit mehr leisten! Ich bin davon überzeugt, dass Unvergebenheit unsere ganze Hoffnung zerstören kann. Die Finsternis schickt uns den Schmerz, der sich wie ein Widerhaken in unserer Seele festmacht mit der Absicht, uns in Bitterkeit zu ersticken! Wenn wir an Schmerz festhalten, wird fruchtbare Hoffnung unfruchtbar. Den Mantel der Unvergebenheit müssen wir an der Garderobe der Selbstbeherrschung ablegen. Schmerz loszulassen, ist großes Können, das aber trainiert werden kann. Vergebung ist eine Entscheidung! Sie ist nicht abhängig von guten Gefühlen, wird auch nicht motiviert von besonderer Güte, sondern ist lediglich ein Akt der Selbstbeherrschung!

Jeder Mensch verfügt über eine natürliche Hoffnung, sonst würde er am Dasein verzweifeln. Doch die natürliche Hoffnung an sich kann kein Leben hervorbringen und ist somit selbst unfruchtbar. Mit anderen Worten, unsere natürliche Hoffnung reicht gerade einmal zum Überleben. Hoffnung aus sich selbst geschöpft, bringt kein Leben hervor. Sie bleibt unfruchtbar, egal wie sehr du dich bemühst. Es gibt viele Menschen, deren natürliche Hoffnung frühzeitig erloschen ist, weil der Mühlstein des Lebens ihre Seele unentwegt aufgerieben hat. Die Welt hat natürlich längst erkannt, dass die natürliche Hoffnung genährt werden kann. Die Menschen haben das „positive Reden" entdeckt. Sie trainieren sich darin, ihre persönliche Blackbox neu zu besprechen. Sie machen es in dem Glauben, dass der Schmerz dann gehen würde. Doch der Schmerz bleibt – vergraben, aber er bleibt. Der Mensch kann sich selbst motivieren, leiten und antreiben. Er kann sich einreden, er stehe auf der Sonnenseite des Lebens. Ich denke, dass vieles im Natürlichen möglich ist. Die Vergangenheit hat es immer wieder gezeigt. Viele Siege, Erfolge, Eroberungen und Machtpositionen sind so erreicht worden. Doch schlussendlich hat all das immer nur wieder zurück zu einem selbst geführt! Viele haben sich auf dem Weg zu sich selbst verloren. Wenn Christus dein Erlöser ist, dann hast du dich dazu entschieden, deinen Thron für Gott freizugeben.

Bitte missverstehe mich nicht. Ich bin für „auf Hoffnung ausgerichtetes Reden". Doch ich weiß, dass sich fruchtbare Hoffnung niemals nur durch dem Spiegelbild zugewandtes positives Reden vermehren wird. Zuerst muss das Gefäß frei von Schmerz und Entmutigung sein, damit fruchtbare Hoffnung aufkeimen kann. Im Gewässer der Seele schwimmt oft noch der Dreck des Schmerzes und der Enttäuschung mit. Es ist ein Trugschluss, zu glauben, wir könnten mit frischem Wasser eine Pfütze reinigen. Das Einzige, was sich ändert, ist die Größe der Pfütze.

Ich hatte einmal eine Vision von einem Ochsen, der in ein Joch eingespannt war und auf einem Acker die Furche für den Samen pflügte. Ein Bauer stand bei ihm und trieb das schwerfällige Tier mit einem Stock an. Dem Ochsen fehlte die Orientierung. Darum schlug der Bauer immer wieder auf das Tier ein, um es in der Spur zu halten. Dies scheint mir ein treffendes Bild für den Menschen zu sein.

Der Ochse, eingespannt unter dem Joch, steht für den Menschen, der unter der Herrschaft einer Knechtschaft steht. Der Acker steht für das Leben und die Furchen, die gepflügt werden, für die Spuren, die wir hinterlassen. Der Bauer steht für das unberechenbare Schicksal, das den Menschen mit Schmerzen schlägt. Der Mensch ist den Schicksalsschlägen mehr oder weniger ausgeliefert. Die Frage ist, mit welcher Leichtigkeit wird er die Schläge überstehen? Unter welcher Herrschaft stehen wir? Ich bin davon überzeugt, dass ein Leben unter der richtigen Herrschaft nicht einfacher, aber freier ist. Die Mühle des Schicksals mahlt in unser aller Leben. Doch frei ist nur jener, der unter der Herrschaft Jesu Christi ist! Dem Ochsen fehlt die Orientierung auf dem Acker, denn er weiß nicht, welchen Weg der Bauer einschlägt. So sind auch wir Menschen orientierungslos und vom Schicksal geschlagen. Nicht die Schläge sollen uns in der Spur halten, sondern der Gehorsam, um trotz der Schläge Spuren der Liebe im Leben unserer Nächsten zu hinterlassen.

Spuren der Liebe zu hinterlassen ist nur möglich, wenn wir einen Lebensstil der Vergebung leben, uns von Selbstbeherrschung führen lassen und uns immer wieder dafür entscheiden, Schmerz loszulassen!

Dürre

Schmerz und Entmutigung bringen Dürre über das Land der Hoffnung. Diese zwei Zustände sind in der Lage, jeglichen Wassergehalt aus dem Boden unseres Lebens zu ziehen. Sie verfügen über ein großes, zerstörerisches Potenzial. Schmerz, auf welcher Ebene er sich auch immer ausbreitet, ist zermürbend. Schmerz drückt jegliche Freude aus dem Menschen heraus. Entmutigung bringt uns dazu, aufzugeben und uns resigniert an den Wegrand des Lebens zu setzen. Die Entmutigung ist es, die unseren Kampfgeist einschlafen lässt. Schmerz und Entmutigung sind fähig, die fruchtbare Hochebene der Hoffnung in kürzester Zeit in eine Dürre zu verwandeln. Bevor ich dir Freude als die wahre Quelle vorstelle, die dazu fähig ist, jede Dürre in fruchtbares Land zu verwandeln, werden wir uns dem Thema Schmerz und Entmutigung zuwenden.

Schmerz

Ich weiß, dass Schmerz eine der effektivsten Waffen des Feindes ist, wenn es um die Zerstörung der fruchtbaren Hoffnung in unserem Leben geht. Ich glaube, nichts ist so zielsicher wie ein zugefügter Schmerz, ganz egal, wie er aussieht. Schmerz ist immer grausam und intensiv. Er zwingt den Menschen dazu, sich die Wunde anzuschauen, ob er will oder nicht. Narben sind nie das Problem. Sie zeigen doch nur, dass da einmal eine Wunde war. Narben sind Schicksalsschläge, die uns einst tief getroffen haben, jetzt aber verheilt sind.

Jael, unsere älteste Tochter, hatte als kleines Mädchen einmal einen schweren Unfall, bei dem sie sich im Gesicht verletzte. Sie schlug mit ihrem Kinn auf ein Betonfundament auf. Dabei biss sie mit den Zähnen eine Stelle unterhalb der Lippe ganz durch. Sie brach sich dabei nicht nur zwei Zähne des Unterkiefers, sondern auch einen Teil des Unterkieferknochens mit heraus. Es war eine Tortur. Die Röntgenbilder zeigten ein noch schlimmeres Bild, da die zweiten Zähne, die noch verborgen waren, auch beschädigt wurden. Natürlich beteten wir während der Operation. Man empfahl uns, ihr die nächsten sechs Wochen nur püriertes Essen zu geben. Nach einer Woche hatte Jael genug von Püriertem. „Mama, ich möchte Brot und auch das essen, was ihr habt!" Manuel und ich schauten uns nur an. „Hier hast du Brot ohne Rinde", meinte ich. „Nein, ich kann alles essen", protestierte sie. „Okay, aber ganz langsam bitte", entgegnete ich. Also, langsam war das nicht. Im Gegenteil: Sie verschlang das Brot mit der Rinde mit großem Genuss. „Seht ihr, es geht", trotzte sie. „Mmh, offensichtlich ...", antwortete ich. Es war wirklich eine Turboheilung. Bis auf die zwei Narben oberhalb ihres Kinns ist keine Schädigung geblieben!

Jael kam in die Pubertät und ich hörte davon, dass Narben verschönert oder sogar ganz weggemacht werden könnten. Ich erzählte ihr davon. Ihre Reaktion darauf beeindruckte mich zutiefst: „Waaaas? Meine Narben sollen weg? Die sind schön!", protestierte sie. „Vor allem erinnern sie mich an das Wunder, das Gott gemacht hat! Nein, die will ich behalten!"

Genauso sollen wir mit den Geschichten der Wunden in unserem Leben umgehen! Sie sollen uns an die Wunder Gottes erinnern. Sie sollen uns daran erinnern, wie er diesen Schmerz geheilt hat. Wenn jemand eine deiner Wunden berührt, wirst du mit Schmerz darauf reagieren. Beim Berühren einer deiner Narben wirst du lediglich sensibler auf die Berührung reagieren. Der offene Schmerz ist es, der uns reagieren lässt. Er macht uns bitter und aggressiv. Doch Gott möchte dich heilen! Hast du schon einmal versucht, einem Hund, der eine eitrige Wunde hat, zu helfen? Er wird zubeißen, wenn du nicht äußerst vorsichtig bist. Der Schmerz macht ihn aggressiv und bissig, auch wenn er eigentlich ein sanftmütiger Hund ist. Der verwundete Mensch verhält sich nicht viel anders. Das Tragische an verwundeten Menschen ist nicht nur, dass sie bitter werden, sondern auch einsam. Menschen in ihrer unmittelbaren Nähe müssen flüchten, denn es herrscht Kriegszustand. Wirkliche Nähe ist nicht mehr möglich, da der verwundete Mensch seine Wunden schützen muss. Schau dich um, gibt es da noch jemanden in deiner unmittelbaren Nähe? Natürlich kann es sein, dass wir in einer Beziehung leben, aber zu wirklicher Nähe nicht mehr fähig sind. Der Grund ist der Schmerz. Werde ehrlich mit dir selbst und mit anderen, damit aus den alten Schmerzen weder für dich noch für andere ein Grab wird, sondern ein Sprungbrett in eine siegreiche Zukunft.

Es gibt viele Gründe, warum ein Mensch in einer Depression versinkt. Da gibt es körperliche Gründe, Verluste, ein konstantes Überschreiten der eigenen Grenzen oder einfach ein Zuviel an Schmerz. Ein Zuviel an Schmerz ist das Problem der Unvergebenheit.

Sicher kommt dir einiges an Schmerzen hoch, während du diese Zeilen liest. Jetzt wäre ein guter Zeitpunkt, den Schmerz loszulassen. Vielleicht musst du dir kurz Zeit nehmen und dir Notizen machen, vielleicht ist alles abgespeichert in deinem Kopf und du brauchst keine Zeit, es hervorzuholen. Ich möchte dir ein Gebet vorschlagen:

Vater Gott, bitte vergib mir, dass ich diesen Schmerz so lange festgehalten habe, nicht vergeben wollte und mir selbst dabei den größten Schaden zugefügt habe. Ich vergebe __________ und entlasse ihn/sie jetzt aus meiner Anklage. Jesus, du hast alle unsere Schmerzen getragen. Ich übergebe dir jetzt meinen Schmerz und hänge ihn an dein Kreuz. Somit ist es nicht mehr mein Schmerz, sondern deiner. Ich vergebe auch mir selbst, wo ich mich für __________ angeklagt habe. Ich entlasse mich selbst aus dieser Anklage. Danke, Abba Vater, dass du mir vergeben hast! Jetzt bin ich frei und werde aufblühen! Danke, Heiliger Geist, dass du diese Wunde versorgst und heilst. - Amen.

Macht Christus zum Herrn eures Lebens. Und wenn man euch nach eurer Hoffnung fragt, dann seid immer bereit, darüber Auskunft zu geben, aber freundlich und mit Achtung für die anderen. Bewahrt euch ein reines Gewissen. Wenn dann jemand etwas Böses über euch sagt, wird er beschämt werden, weil euer vorbildliches Leben mit Christus ihn Lügen straft.

1. Petrus 3, 15

Diese Verse zeigen uns das Herz eines Menschen, der Vergebung zu seinem Lebensstil gemacht hat. Er hat sich ein reines Gewissen bewahrt. Durch das Festhalten eines zugefügten Schmerzes und der Erhebung einer Anklage wird das Gewissen verunreinigt.

Entmutigung

Mein Herr, worauf kann ich hoffen? Meine einzige Hoffnung bist du.

Psalm 39, 8

Das Leben entmutigt uns immer wieder, nicht wahr? Wir strengen uns an und setzen unsere ganze Kraft für etwas ein, das sich vielleicht von uns wegentwickelt hat, und uns schlimmstenfalls ersetzbar macht. Wir investieren in die verschiedensten Dinge im Leben. Wenn der Erfolg jedoch ausbleibt, macht sich Entmutigung wie ein unüberwindbares Hindernis in unserem Leben breit. Der Erfolg unterstreicht unseren Wert und lenkt unseren Blick auf die Bedeutsamkeit, die wir bei Menschen haben. Doch mit dem Ausbleiben des Erfolgs verschwindet auch unsere Bedeutsamkeit für die Menschen und unser Wert schrumpft auf ein kümmerliches Etwas zusammen. Was ist schon Erfolg, dass er über unseren Wert bestimmen könnte? Wir haben keinen Grund, uns mutlos zu fühlen und Bedeutung bei Menschen zu suchen. Es sei denn, wir haben noch nicht erkannt, dass wir besondere Bedeutung bei Gott haben.

Der Heilige Geist will das Beste aus dir herausholen - Schönes, das du selbst vielleicht noch gar nicht bemerkt hast. Vor allem aber will er dir zeigen, dass er dir Bedeutung gegeben hat. Vielleicht bist du der Lüge aufgesessen, dein Leben hätte keine Bedeutung. Doch dein Leben ist von besonderer Bedeutung! Egal, wer du bist, was du leistest oder nicht leistest, was du an Charakter vorweisen oder nicht vorweisen kannst: Dein Leben ist von besonderer Bedeutung! Der Vater im Himmel liebt dich aus einer Tiefe heraus, wie niemand sonst es vermag. Für ihn bist du von großer Bedeutung und von besonderer Wichtigkeit! Als Abba Vater entschied, dass du auf die Welt kommen sollst, hat er deinem Geist eine für die jetzige Zeit besondere Bedeutung mitgegeben! Es ist kein Zufall, dass du jetzt lebst. Vielleicht hast du sogar das Gefühl, für keinen Menschen bedeutend zu sein. Vielleicht hast du das Gefühl, nichts Bedeutendes zu leisten oder geleistet zu haben. Vielleicht hast du das Gefühl, keine bedeutende Persönlichkeit zu sein oder jemals eine zu werden.

Was Menschen auch immer über dich denken mögen oder welche Vorstellung du selbst über dich hast, für

Gott bist du von überaus großer Bedeutung! Kennst du dieses Gefühl der Bedeutungslosigkeit? Wenn ja, möchte er dir deine persönliche Bedeutsamkeit zeigen. Glaube mir, wenn du erst erkannt hast, wie wertvoll du bist, wird es unwichtig, wie bedeutend du für Menschen bist! Wenn du weißt, dass dein Leben für Gott von Bedeutung ist, gibst du auch den Menschen um dich herum Bedeutung! Du wirst sie nicht mehr in ihrem Wert herabsetzen, nur um deinen eigenen hervorzuheben. Entmutigung kratzt immer an unserer Bedeutung. Wenn dich Bedeutungslosigkeit bedrückt, biete ich dir an, folgendes Gebet laut auszusprechen:

Vater Gott, bitte vergib mir, dass ich der Bedeutung, die du persönlich in meinen Geist hineingelegt hast, keine Beachtung geschenkt habe! Ich bitte dich, öffne meine geistigen Augen, damit ich die kostbare Bedeutung erkenne, die ich von dir bekommen habe. Meine Bedeutung liegt alleine in der Kostbarkeit meines Seins und nicht in Leistung, Charakter oder Stellung. Ich bekenne vor der sichtbaren und unsichtbaren Welt, dass ich besondere Bedeutung habe vor Vater Gott und nehme sie dankend an. Vater Gott, ich danke dir, dass du meinem Geist kostbare Bedeutung mitgegeben hast, Bedeutung, die niemand schmälern kann, im Namen Jesu Christi! - Amen.

Freude

Wo ist nur eure Freude von damals geblieben?...
Galater 4, 15

Haben die Galater ihre Freude verloren? Ja, sie verloren ihre Freude, als sie sich, als ehemalige Heiden, unter die Herrschaft des Gesetzes stellen wollten. Damit wandten sie sich bewusst gegen den Herrn, gegen das Evangelium der Gnade und gegen Paulus, der ihnen die Botschaft von der Rechtfertigung durch den Glauben gebracht hatte. Paulus spürte, dass die Galater durch ihre Gesetzlichkeit die Freude ihrer Erlösung verloren hatten. Auch wir können die Freude verlieren. Nicht nur Gesetzlichkeit frisst unsere Freude auf, Schmerz und Entmutigung tun es ebenfalls.

Du wirst mir den Weg zum Leben zeigen und mir die Freude deiner Gegenwart schenken. Aus deiner Hand kommt mir ewiges Glück.
Psalm 16, 11

Freude ist eine freisetzende, starke Kraft. Freude zieht uns mit Leichtigkeit aus der Grube des Schmerzes und der Entmutigung heraus. Der Mensch kann nicht lachen und sich gleichzeitig auf Schmerz und Entmutigung konzentrieren. Sich zu freuen, setzt eine Entscheidung voraus! „Willst du ewige Freude haben, häng jenem an, der ewig ist." – Augustinus Aurelius (354-430 n. Chr.), Bischof von Hippo, Philosoph und Kirchenvater.

Gott ist Freude und er ist die Quelle aller Freude. Wenn wir schmerzfrei sind, ist es einfach, sich zu freuen, nicht wahr? Doch wenn Schmerz und Entmutigung alles Leben aus uns herausdrücken, ist es eine hohe Kunst, sich in Freude hineinfallen zu lassen. Sich bewusst in Freude hineinzubegeben, hat sehr viel mit Selbstbeherrschung zu tun. Schmerz und Entmutigung zu überwinden und den Frieden zu bewahren, ist nur möglich, wenn wir unsere Seele immer wieder bewusst in diese Freude eintauchen und uns bewusst dazu entscheiden, uns zu freuen. Natürlich ist es so, dass wir zuerst den Schmerz und die Entmutigung an Gott abgeben müssen, damit wir frei sind, uns neu mit Freude füllen zu lassen. Schmerz und Entmutigung wird jede Freude in dir ersticken. Deshalb müssen wir zuerst Schmerz und Entmutigung loswerden. Denn solange wir Schmerz und Entmutigung in unserem Herzen dulden, wird die Freude keinen „Haftgrund" in uns finden können.

> *Ein fröhliches Herz ist die beste Medizin, ein verzweifelter Geist aber schwächt die Kraft eines Menschen.*
> **Sprüche 17, 22**

Es ist von überaus großer Bedeutung, sich immer wieder für die Freude zu entscheiden, besonders, wenn dein Leben von Schmerz und Entmutigung gezeichnet ist. Trenne dich entschieden von Selbstmitleid! Sich selbst zu bemitleiden oder nach Mitleid von Menschen Ausschau zu halten, reibt deinen Schmerz nur immer wieder neu auf. Es wird dich nicht trösten! Vielmehr wird

Selbstmitleid den Rest deiner Freude stehlen, während du Schmerz und Entmutigung betrachtest. Freude zu empfangen, setzt eine Entscheidung voraus - Freude zu behalten, Selbstbeherrschung. Wenn du Freude nötig hast, möchte ich dir anbieten, folgendes Gebet laut auszusprechen:

Ich entscheide mich, im Namen Jesu Christi, vor der sichtbaren und unsichtbaren Welt für die Freude. Ich befehle meiner Seele, sie soll sich freuen im Herrn Jesus Christus! Ich bekenne: Weder Umstände, noch Schmerz oder Entmutigung sind in der Lage, die Freude am mir innewohnenden Herrn Jesus Christus zu nehmen! Ich lege alles Selbstmitleid ab und hungere somit auch nicht mehr nach dem Mitleid meiner Mitmenschen. Ich bin frei und entscheide mich für die Freude. Ich bekenne: Ich werde aufblühen und mich allezeit an meinem Herrn Jesus Christus freuen. Ich werde nicht vergessen, wovon er mich erlöst hat! - Amen.

KAPITEL 10

LIEBE

Glaube, Hoffnung und Liebe bleiben, diese drei bleiben. Aber am größten ist die Liebe

1. Korinther 13, 13 Neues Leben

Wenn wir die drei Kräfte Glaube, Hoffnung und Liebe nebeneinander aufstellen würden, wäre die Liebe die Königin unter ihnen. Jeder Mensch verfügt über ein gewisses Maß an Liebe. Ohne sie wäre er gar nicht fähig zu existieren. Die Liebe hält den Menschen am Leben. Durch Liebe ist es dem Menschen überhaupt erst möglich, zu sich selbst zu finden und Kontakt zu seinen Mitmenschen und zu Gott aufzunehmen. Doch ist dies nicht die umgestaltende Liebe, von der die Bibel spricht. Die Liebe, die uns in der Bibel begegnet, ist etwas ganz anderes. Sie ist kein Gefühl oder Herzenszustand, sondern die Person Jesus Christus. Die umgestaltende Liebe machte sich vom Himmel her auf und wurde Mensch. Somit wurde diese besondere Liebe für uns erfahrbar. Sobald wir das Liebeswerk Christi annehmen, wohnt diese Liebe in uns.

Wenn dagegen der Heilige Geist unser Leben beherrscht, wird er ganz andere Frucht in uns wachsen lassen: Liebe, Freude, Frieden, Geduld, Freundlichkeit, Güte, Treue, Sanftmut und Selbstbeherrschung
Galater 5, 22-23

Die Frucht des Geistes trägt neun Samen in sich. Liebe, Freude, Frieden, Geduld, Freundlichkeit, Güte, Treue, Sanftmut und Selbstbeherrschung. So ist es nur logisch, dass alle neun Samen gleichmäßig wachsen, wenn sich die Frucht des Geistes entwickelt. Wenn nun in einem Menschen die Freude besonders stark ausgeprägt ist, die Geduld aber fehlt, zeigt dies lediglich den Charakter des Menschen, doch nicht die Frucht des Geistes! Ich bin zu dem Schluss gekommen, dass bei der Umgestaltung in das Bild Jesu alle neun Samen gleichzeitig entwickelt werden, sind doch alle diese neun Kostbarkeiten in der einen Frucht enthalten. Wie ist es möglich, diese neun Samen gleichzeitig zu entwickeln?

Die Aufzählung beginnt mit der Liebe und endet mit der Selbstbeherrschung. Es scheint mir, als würden diese zwei Kostbarkeiten eine Klammer öffnen, beziehungsweise schließen und alle Samen zusammenhalten. Die Aufzählung und damit das Wachstum der ganzen Frucht beginnt mit der umgestaltenden Liebe! Wer ist diese Liebe? Jesus Christus! Durch ihn und mit ihm werden sich alle weiteren acht Samen entwickeln. Interessant ist, dass die Aufzählung mit Selbstbeherrschung endet (oder die Klammer schließt)! Könnte es sein, dass die Aufgabe des Menschen darin besteht, sich Selbstbeherrschung anzutrainieren? Könnte es sein, dass alles, was wir brauchen, Jesus Christus ist - die umgestaltende Liebe? Der Mensch muss sich lediglich noch in Selbstbeherrschung üben, damit die Frucht des Geistes durch die Liebe (Jesus) hervorgebracht wird. Könnte das sein? Wenn ja, wo ist unsere Selbstbeherrschung geblieben? Wo ist die Motivation, sich selbst zu beherrschen, geblieben?

Ich glaube die größte Aufmerksamkeit legt Gott Vater auf unsere Grundmotivation. Was treibt dich an? Was motiviert dich? Was ist es, das dich Dinge tun oder nicht tun lässt. Sicher ist es so, dass die umgestaltende Liebe die Tür öffnet, beziehungsweise schließt. Mit der Selbstbeherrschung bewegen wir unseren Körper aber erst durch die offene Tür hindurch. Fehlt uns jedoch die Selbstbeherrschung, werden wir nicht durch die offene Tür hindurchgehen oder gar eine geschlossene Türe eintreten. Was ist es, das dich antreibt? Demut oder Stolz? Die Liebe (Jesus) gibt dir die Kraft, durch Selbstbeherrschung zwischen Demut und Stolz zu wählen. Natürlich ist es so, dass alles aus dieser Liebe (Jesus) kommt und auch wieder zu ihr zurückfließt. Doch wird diese Liebe (Jesus) größtenteils ungenutzt bleiben, wenn sie nicht mit Selbstbeherrschung gekoppelt wird.

> *Die Liebe ist langmütig und freundlich, die Liebe eifert nicht, die Liebe tut nicht groß, sie bläht sich nicht auf, sie benimmt sich nicht unanständig, sie sucht nicht das ihre, sie lässt sich nicht erbittern, sie rechnet das Böse nicht zu, sie freut sich nicht*

über die Ungerechtigkeit, sie freut sich aber an der Wahrheit; sie erträgt alles, sie glaubt alles, sie hofft alles, sie erduldet alles.

1. Korinther 13, 4-7 NeueLuther 2009

Durch Jesus in uns sind wir langmütig und freundlich. Jesus in uns gibt uns Bedeutung, sodass wir uns nicht länger selbst groß machen müssen. Jesus in uns hilft uns, im Dienen zu wachsen. Jesus in uns vergibt und lässt Bitterkeit los. Jesus in uns entwickelt uns in der Wahrheit. Jesus in uns glaubt alles, was im Wort Gottes steht. Jesus in uns gibt die Hoffnung nie auf. Jesus in uns siegt allezeit über alle Umstände.

Wir haben die Liebe, die Gott für uns hat, erkannt und geglaubt: Gott ist Liebe; und wer in der Liebe bleibt, der bleibt in Gott und Gott in ihm.

1. Johannes 4, 16 NeueLuther 2009

Dieser Vers zeigt so schön auf, was unsere Aufgabe bei der ganzen Sache ist. Bleibe in der Liebe! Da wir nun wissen, wer die Liebe ist, heißt das für uns: Bleibe in Jesus Christus! Bewahre das Reich Christi in dir!

Das Königreich in dir und die offene Tür

Dein Reich komme bald. Dein Wille erfülle sich hier auf der Erde genauso wie im Himmel.

Matthäus 6, 10

Zeichenkinder tragen das Königreich Jesu Christi in sich. Weg von Satan, hin zu Jesus Christus – hierdurch wurde ein neues Königreich in unserem Herzen errichtet. Das Reich der Bettler haben wir längst hinter uns gelassen, die dreckigen Lumpen abgelegt. Sein Reich ist in unseren Herzen angebrochen! Sein Wille erfüllt sich durch unser Leben hier auf Erden. Müssen wir nun dieses Königreich in uns schützen? Oder braucht dieses Reich in uns keinen Schutz? Ich hatte einmal eine Vision von diesem Königreich, in der Selbstbeherrschung eine entscheidende Rolle spielte.

Ich sah eine Stadt. Sie war auf den höchsten Punkt eines Berges gebaut. Eine hohe Mauer schützte diesen Ort des Friedens. Nur durch ein großes Eisentor konnte man diese Stadt betreten. Die Sonne schien ohne Unterlass und warf ihr Licht auf die Straßen aus Gold. So erstrahlte dieser Ort des Glaubens in vollem Glanz. Inmitten der Stadt stand ein hoher Thron, auf welchen sich die Liebe gesetzt hatte. Ein mächtiger Fels gab eine Quelle frei, aus der unentwegt Freude sprudelte. Hoffnung hing in der Luft wie ein lieblicher Geruch, den die Stadtbewohner unentwegt ein- und ausatmeten. Alles, was Leben in sich trug, war von Demut motiviert.

Außerhalb dieser Mauer herrschte schreckliche Finsternis. Alle, die in dieser Dunkelheit lebten, wollten ebenfalls in die Stadt. So kletterten diese Kreaturen aus der Tiefe den steilen Hang über die Felsen hinauf zum Tor. Einige von ihnen waren in dreckige Lumpen gekleidet und brachten den Gestank von Fäulnis mit sich. Sie trugen große Traurigkeit in sich und bettelten um Einlass. Ihr Name war Ablehnung. Andere Kreaturen waren mit edlen Stoffen bekleidet und ihre goldenen Ketten rieben aneinander, sodass sie laut rasselten und alle Aufmerksamkeit einforderten. Sie trugen Kronen, Königen gleich, die ihren Prunk zur Schau tragen. Mit Geschrei forderten sie ihr Recht auf Einlass. Ihr Name war Stolz. Wieder andere hatten versteinerte Gesichter und es schien, als ob alles Leben aus ihnen gewichen war. Nur ihr Zorn war deutlich zu spüren. Das Gift der Bitterkeit tropfte aus ihren Mundwinkeln. So erwarteten sie Einlass. Ihr Name war Unvergebenheit. Unter den Kreaturen gab es auch jene, die eine riesige dunkle Wolke mit sich brachten. Wo sie auftauchten, wurde es finster. Sie trugen Schrecken und Zweifel in sich. Mit einschüchternden Worten forderten sie Einlass. Ihr Name war Angst. Dann waren auch solche dabei, die schon während des steilen Aufstiegs andere in die Tiefe zurückstießen. Am Körper trugen sie prallgefüllte Taschen, voller Dinge für sich selbst. Mit Selbstverständlichkeit forderten sie Einlass. Ihr Name war Egoismus.

Der Mob schrie und tobte unentwegt. Fordernd hämmerte er an die zwei Flügel des Eisentors. Bis Selbstbeherrschung nachgab und leichtsinnig die Seite eines Torflügels aufzog, nur um die Meute zu beruhigen. Sogleich drückte das Gesindel herein, öffnete das Tor und strömte in das Stadtinnere.

Unvergebenheit brachte die Quelle der Freude zum Versiegen und Ablehnung trug Traurigkeit in die Stadt hinein. Mit dem Gestank der Fäulnis übertünchte sie den lieblichen Geruch der Hoffnung. Die Angst verdunkelte mit ihrer Wolke den Himmel und es wurde finster in der Stadt. Der Glanz des Glaubens verblasste. Der Egoismus riss die Liebe vom Thron und setzte sich auf ihren Platz, und Stolz trieb Demut vor das Stadttor. Die Stadtbewohner spürten den Frieden nicht mehr.

Es gibt einige hässliche Kreaturen, die wir unbedingt vom Königreich in uns fernhalten sollten! Wir wissen bereits, dass Angst, Zweifel und Misserfolg Goliats sind, die unseren schöpferischen Glauben töten wollen. Wir wissen auch, dass Schmerz und Entmutigung das Land der lebendigen Hoffnung zur Wüste machen können. Die letzten Kreaturen, die ich noch beschreiben möchte, haben es auf die Liebe - JESUS in uns - abgesehen. Ihr Ziel ist es, JESUS aus dem Königreich in uns zu verdrängen, damit wir wieder ein Betteldasein führen. Diese Kreaturen heißen Stolz, Egoismus, Unvergebenheit und Ablehnung.

Stolz

Stolz ist ein Geselle, der oft erst auf den zweiten Blick sein wahres Gesicht zeigt. Da er ungemein wandelbar und dadurch schwer greifbar ist, braucht es mehrere Anläufe, um ihm auf die Schliche zu kommen. Wie ich schon erwähnte, gibt es zwei Richtungen der Motivation: Demut und Stolz. Demut führt uns weg vom eigenen Ich und hin zum Kreuz. Stolz führt uns weg vom Kreuz und hin zu unserem Ego. Jedes Handeln stellt uns erneut vor die Entscheidung zwischen Demut und Stolz. Natürlich geschieht dies in Sekundenschnelle und oft unbewusst. Solange wir nicht um diese Tatsache wissen, entscheiden wir unbewusst zwischen diesen zwei Gegensätzen. Sobald wir erkennen, dass wir Stolz in uns tragen, wird uns dieser Herzenszustand bewusst und somit für uns sichtbar. Stolz hat viele Gesichter: Besserwisserei, Rebellion, Ungehorsam und Selbstgerechtigkeit.

> *Wer weise ist, der hört darauf und vermehrt seine Kenntnisse, und wer verständig ist, eignet sich weise Lebensführung an, ...*
> **Sprüche 1, 5 (Schlachter)**

Die Frau Besserwisser weiß, wie es geht. Wie es „richtig" wäre. Es ist schwierig für Frau Besserwisser, sich unterzuordnen, denn eigentlich weiß sie es ja besser. Nur zu dumm, wenn sie in einem Team nicht Frau Chefin ist. Dann sind Konflikte vorprogrammiert. Aber nicht nur das. Auch Unzufriedenheit wird mitschwingen. Frau Besserwisser lässt auch durchblicken, dass sie eigentlich in diesem speziellen Bereich nichts mehr dazulernen kann. Sicherlich verfügt Frau Besserwisser über Wissen, jedoch wird dieses Wissen stagnieren und sich nicht weiterentwickeln. Dazu kommt, dass sich Frau Besserwisser als nicht teamfähig erweist, was sich als großes Problem entpuppt. Natürlich macht Besserwisserei vor keinem Geschlecht halt, vielmehr wählt sie sich ein Gefäß aus, das gerne Stolz beherbergt. Dies kann bei einer Frau genauso wie bei einem Mann der Fall sein.

Rebellion ist ein weiteres Gesicht von Stolz. Rebellion hat sich den Spruch „Ich bin dagegen" auf die Fahne geschrieben. So ist Rebellion dagegen, sich im Allgemeinen unter Leiterschaft und Führung zu begeben. Für Rebellen sind Regeln da, um gebrochen zu werden. Rebellen sind eine Art Anarchisten, welche die Philosophie vertreten, jegliche Herrschaft und jede Art von Hierarchie als Form der Unterdrückung von Freiheit zu verstehen. Somit werden diese Dinge ausdrücklich abgelehnt. Doch wenn der Mensch wüsste, dass er immer unter einer Herrschaft lebt, und darüber hinaus immer einer gegebenen Hierarchie unterstellt ist, würde sich diese Dummheit erübrigen! Die wahre Freiheit besteht lediglich darin, zu wählen, unter welcher Herrschaft der Mensch leben will. Rebellion ist keine ehrliche Freiheit. Vielmehr steckt die Enttäuschung und Ohnmacht dahinter, einem Machtsystem wehrlos ausgesetzt zu sein.

Rebellion ist in meinen Augen nichts anderes, als ein sich Beugen unter ein böses Machtsystem, das niemals eine positive Veränderung hervorbringen wird. Wahrer Widerstand, der auch fruchtbare Veränderung hervorbringt, wird immer von Demut motiviert, niemals von Stolz. Es ist auch sehr interessant, dass Rebellion in einer leblosen Kultur besonders schnell Wurzeln schlägt. Wenn besorgte Eltern sich Gedanken über ihre heranwachsenden Rebellen machen, kann sich Leblosigkeit in die Familie eingeschlichen haben. Wenn eine Autoritätsperson starrsinnig, manipulativ, beherrschend, einschüchternd oder gesetzlich ist, wird dadurch ein optimaler Nährboden für Rebellion geschaffen. Das schwächere Gegenüber wird auf diesen künstlichen Druck mit Rebellion antworten.

Ungehorsam wird gelebt, wenn sich jemand einer positiven Aufforderung widersetzt. Wenn einem die Aufforderung suspekt ist oder die Einsicht fehlt, dieser Aufforderung nachzukommen, bewirkt dies Ungehorsam. Was passiert, wenn trotz positiver Aufforderung Ungehorsam geleistet wird? Wird der Ungehorsam mit Macht gebrochen, geschieht Folgendes: auf der einen Seite ein Missbrauch der Macht, auf der anderen Seite entwickelt sich ein verbittertes Herz, dem ein fremder Wille aufgezwungen wurde. Dadurch wird sich Ungehorsam verfestigen. Doch Gott fordert uns auf, seinem Wort gegenüber in Freiheit gehorsam zu sein. Bei ihm ist weder ein Missbrauch von Macht zu erkennen noch ein Zurechtbiegen unseres Willens. Er lässt uns die freie Wahl und damit, als volle Konsequenz, zwischen Gehorsam und Ungehorsam wählen.

Bei Selbstgerechtigkeit steht das Selbst im Zentrum. Das eigene Ich sitzt genügsam auf dem Thron der Selbstbestimmung und erblindet. Selbstgerechtigkeit ist wie ein Blinder, der Blinden den Weg zeigen möchte. Selbstgerechtigkeit bläht auf und lässt das eigene Ich um einiges größer erscheinen, als es in Wahrheit ist. Der Mensch hat sich seit dem Sündenfall selbst verloren. So ist das, was er zu guter Letzt finden wird, seine Selbstgerechtigkeit. Wenn du erkannt hast, dass Stolz in deinem Leben sichtbar ist, dann biete ich dir an, folgendes Gebet laut auszusprechen:

Vater Gott, bitte vergib mir meinen Stolz. Ich erkenne jetzt, dass ich ____________ (zum Beispiel rebellisch, selbstgerecht) war. Ich entscheide mich vor der sichtbaren und unsichtbaren Welt bewusst für die Demut! Bitte hilf mir, Heiliger Geist, mich in zukünftigen Situationen frühzeitig von Stolz abzuwenden und mich auf Demut auszurichten. Öffne meine blinden Augen, dass ich im Stande bin, Stolz frühzeitig zu erkennen, in Jesu Christi Namen. - Amen.

Egoismus

„Zum Eigennutz sind die meisten zu dumm." Dies ist ein sehr bekanntes Zitat von Friedrich Wilhelm Nietzsche (1844-1900), deutscher Philosoph, Essayist, Lyriker und Schriftsteller.[1]

Nietzsche war ein Glanzlicht in der Welt der Lyrik und Philosophie. Er blendete die Menschheit mit Weisheiten. Doch der Glanz seines persönlichen Lebens verblasste früh. Er litt schon mit 34 Jahren an massiven, gesundheitlichen Problemen und zog sich darum in diesem Alter ganz aus der Öffentlichkeit zurück. Mit 45 Jahren erkrankte er an einer schweren psychischen Krankheit, die ihn arbeitsunfähig machte. So konnte er seinen Ruhm nicht mehr bewusst erleben. Bis zu seinem Tod mit 55 Jahren lebte er die letzten Jahre als Pflegefall. Die Ironie des Lebens führte es so, dass sich seine Mutter und seine Schwester bis zu seinem Tod selbstlos um seine Pflege kümmerten. Ich glaube kaum, dass er in diesem Zustand der Bedürftigkeit dieses Zitat nochmals in den Mund genommen hätte. Oft werden wir erst dann dankbar für Nächstenliebe, wenn wir ihrer bedürfen. Ohne Nächstenliebe wäre die Welt ein Moloch. Nächstenliebe ist ein praktischer Ausdruck der Versöhnung mit unserem Nächsten. Ego-

1 Nachgelassene Fragmente, Winter 1884-1885 de Gruyter, Berlin/ New York, 1974.

ismus ist der Feind der Liebe. Er wird die Liebe immer vom Thron unseres Herzens herunterreißen wollen, um selbst darauf Platz zu nehmen. Egoismus ist der hässliche Bruder der Gleichgültigkeit. Wenn du erkannt hast, dass Egoismus in deinem Leben sichtbar ist, dann biete ich dir an, folgendes Gebet laut auszusprechen:

Vater Gott, bitte vergib mir meinen Egoismus. Ich entscheide mich vor der sichtbaren und unsichtbaren Welt bewusst für die Liebe. Ich bitte die Liebe (Jesus Christus) mich zu leiten und zu führen. Danke, Vater Gott, dass ich durch Jesus Christus befähigt bin, die Werke der Liebe allezeit kraftvoll zu tun. - Amen.

Unvergebenheit

Unvergebenheit können wir uns nicht leisten. Sie ist die Königin des tödlichen Gifts. Manche Menschen glauben, an der Anschuldigung für einen zugefügten Schmerz festzuhalten, wäre die gerechte Strafe für das Fehlverhalten, das sie erleben mussten.

Mit Unvergebenheit strafe ich mich doppelt. Zum einen halte ich an einem alten Schmerz fest, binde diesen Schmerz an meinen Körper und trage ihn mit mir. Durch dieses Mittragen werden mein Geist, meine Seele und mein Körper vergiftet. Zum anderen schneide ich mich ab von der Fülle, die Gott für mein Leben hat. Unvergebenheit hat es nicht nur auf die Liebe in uns abgesehen, sie frisst auch unsere Freude auf.

Wenn ihr denen vergebt, die euch Böses angetan haben, wird euer himmlischer Vater euch auch vergeben. Wenn ihr euch aber weigert, anderen zu vergeben, wird euer Vater euch auch nicht vergeben.

Matthäus 6, 14-15

Wir können der Versuchung erliegen, in Unvergebenheit zu versinken. Indem wir unser Herz für Versöhnung verstocken, verbinden wir uns mit dem Bösen. Gott aber koppelt unser Vergeben von Schuld an seine Vergebung unserer Schuld. Das ist ein starkes Wort. Wenn wir nicht als Angeklagte vor den Richterstuhl treten wollen, sollten wir lernen, einen Lebensstil der Vergebung zu leben. Angeklagt im Sinne der Tat. Wir werden für zwei Dinge vor den Richterstuhl treten müssen: für das Annehmen oder Ablehnen des Kreuzestodes Jesu und für unsere Taten.

Wenn wir in einer Haltung der Unvergebenheit bleiben, laden wir bewusst Schuld auf unser Leben, die uns Gott wiederum nicht erlassen kann, weil er sich an diese Gesetzmäßigkeit gebunden hat. Doch solange Leben in uns steckt, ist es möglich, Schuld zu vergeben und uns damit selbst in Freiheit zu entlassen. Durch Verharren in Unvergebenheit schaffen wir auch einen Boden, in dem Ablehnung optimal gedeihen kann. Wenn du erkannt hast, dass Unvergebenheit in deinem Leben sichtbar geworden ist, dann biete ich dir an, folgendes Gebet laut auszusprechen:

Vater Gott, bitte vergib mir, dass ich nicht vergeben wollte und dadurch den Schmerz festgehalten habe. Ich bekenne vor der sichtbaren und unsichtbaren Welt, dass ich mich in Selbstbeherrschung übe und lerne, unabhängig von meinen Gefühlen Vergebung auszusprechen. Danke, Heiliger Geist, dass du mir jetzt Kraft gibst, allezeit Vergebung zu leben, in Jesu Christi Namen. - Amen.

Ablehnung

Ablehnung ist etwas sehr Grauenvolles. Sie grenzt uns aus, isoliert uns und lässt uns schlussendlich mit der Überzeugung zurück, wertlos zu sein. Ablehnung ist hochgiftig und setzt sich mit Widerhaken des Schmerzes in unserem Herzen fest. Das Gemeine dabei ist, dass ein Mensch, der sich ungeliebt fühlt, eine Wunde der Ablehnung in sich trägt und deshalb immer wieder neue Ablehnung anzieht. Durch das Verharren in Unvergebenheit wird ein optimaler Nährboden für Ablehnung geschaffen. Ablehnung verzerrt unser Selbstbild und erschüttert die besondere Bedeutung, die wir für Gott haben. Jede neue Verletzung aufgrund von Ablehnung verfestigt unser verzerrtes Selbstbild umso mehr.

So kann es leicht passieren, dass wir diesem falschen Selbstbild mehr trauen als dem wahren Wert des Ichs, den wir vor Gott haben. Ablehnung arbeitet nicht nur einen Zerstörungsplan für das eigene Ich aus, sondern auch für das Gegenüber. Sie frisst die Selbstliebe, genauso wie die Nächstenliebe. Ablehnung in ihrer höchsten

Form wirkt sich in einer besonders aggressiven Form der Selbstzerstörung aus – einem starken Hass gegen sich selbst. Hinter aggressivem Verhalten steckt oft ein tiefes negatives Grundgefühl der Ablehnung. So ist oft nicht der primäre, vorherrschende Konflikt das eigentliche Problem, sondern das sekundäre tiefe Gefühl der Ablehnung dahinter. Ablehnung und Unvergebenheit sind Verbündete, die miteinander ausgemerzt werden müssen, da sie sich gegenseitig immer wieder entfachen. Wenn du erkannt hast, dass sich Ablehnung in deinem Leben bemerkbar macht, dann biete ich dir an, folgendes Gebet laut auszusprechen:

Vater Gott, bitte vergib mir, dass ich mich selbst und andere Menschen abgelehnt habe. Ich trenne mich von Ablehnung im Namen Jesus. Ich bekenne vor der sichtbaren und unsichtbaren Welt, dass ich mich nicht mehr von Ablehnung führen lassen werde. Ich bekenne, ich werde mich von der Liebe Jesu Christi leiten lassen. Danke, dass du mich jetzt ganz frei von Worten und Gefühlen der Ablehnung machst. Ich bitte dich, Jesus Christus, heile mein Selbstbild und zeige mir meine wahre Bedeutung, die ich persönlich von Abba Vater bekommen habe. - Amen.

Schließe die Tür und komme näher

Das Königreich in uns muss geschützt werden! Wir sind in der Lage, die Tür, die wir achtlos geöffnet haben, wieder zu schließen. Wir müssen die Kreaturen des Stolzes, des Egoismus, der Unvergebenheit und der Ablehnung vom Königreich unseres Herzens fernhalten. Wir müssen das Tor des Königreichs in uns endgültig verriegeln, indem wir uns in Selbstbeherrschung üben.

Im Näherkommen zu Gott liegt das wundervolle Geheimnis verborgen. Gott nahe zu sein, ist unsere Sicherheit. Er persönlich verspricht uns, dass wir bei ihm sicher sind. Sicher vor Scham, Bloßstellung, Ablehnung, Verurteilung und Schmerz. Gott ist für uns – für dich! Er sucht einen Weg zu deinem Herzen. In seiner Nähe wirst du nie abgelehnt. Im Gegenteil! Wenn du in seine Nähe kommst und Schatten der Schuld mitbringst, wird er sie dir zeigen und dir anbieten, sie ihm abzugeben. Das Leben bringt Schuld mit sich. Doch das darf nie ein Grund sein, von Gott fernzubleiben. Solange du lebst, wirst du schuldig werden an dir selbst, an Gott und an Mitmenschen. Manchmal bewusst, manchmal unbewusst. Doch Gott möchte dich von dieser drückenden Schuld befreien.

Ich bin zutiefst davon überzeugt, dass die Nähe Gottes die effektivste Waffe und gleichzeitig die stärkste Verteidigung ist, die ein Mensch haben kann. Das Zusammensein mit dem Heiligen Geist in der Verborgenheit verriegelt das Königreich in dir auf kraftvolle Weise. Aber nicht nur das, es öffnet dir gleichzeitig eine neue Tür zum Vaterherz Gottes. Du trittst in den weiten Raum des Friedens ein und deine Seele findet Ruhe. Erst so wirst du überhaupt wieder fähig, die sanfte Stimme des Heiligen Geistes im Alltag zu hören. Zu glauben, seine Stimme wäre im Stimmengewirr der Welt deutlich herauszuhören, obwohl du sie in der Stille nicht gesucht hast, ist ein Trugschluss!

Ich stelle mit großer Traurigkeit fest, dass viele aufgehört haben, mit dem Heiligen Geist zu sprechen. Damit meine ich nicht, dass sie aufgehört haben zu beten, sondern sie haben aufgehört, Gespräche mit ihm zu führen. Oft werde ich von Menschen gefragt, ob ich etwas Prophetisches über sie sagen kann. Nun, ich gebe sehr gern ein kleines Stück von Gottes Gedanken an Menschen weiter, aber noch viel lieber leite ich Menschen an, selbst die Stimme Gottes zu hören. Wäre es nicht das Natürlichste, selbst Gottes Stimme zu hören?

Ich kann nicht oft genug betonen, dass seine Nähe unser höchstes Glück ist. Er stillt all unser Sehnen, heilt unsere Wunden und beschleunigt die Gaben. Kennst du das Gefühl unbedeutend zu sein? Egal, wo du gerade stehst, es wird Zeit, dass du deine kostbare Bedeutung bei Abba Vater abholst! Er wird kommen und dich besuchen, glaube mir! Gib nicht gleich auf! Wir müssen wieder lernen, Gott nahe zu sein und seine Stimme zu hören.

Ich habe dir mit den folgenden Zeilen eine Wegbeschreibung aufgeschrieben, die dir helfen kann, zu Abba Vater in den Himmel zu gehen. Vielleicht findest du Gefallen daran.

> *Danach schaute ich auf, und siehe, eine Tür war geöffnet im Himmel …*
> **Offenbarung 4, 1 NeueLuther 2009**

Stell dir vor, du stehst vor einer offenen Tür. Gehe durch diese Tür. Es ist Jesus Christus, der die Tür ist und dir den Weg zu Abba Vater freigemacht hat. Hinter dieser Tür befindet sich eine Treppe, die bis in den Himmel reicht. Die Treppe ist so hoch, dass ihr Ende in die Wolken eintaucht. Komm, es ist Zeit, Abba Vater zu treffen! Steige Stufe um Stufe höher, näher in seine Gegenwart, weg von allem, was dich hindert, ihm nahe zu sein. Er wartet bereits auf dich. Seine Freude darüber, dass du ihn gleich sehen wirst, ist spürbar. Er sieht dich bereits, doch du steigst immer noch die Treppenstufen empor, näher und näher in die Gegenwart seiner bedingungslosen Liebe.

Diese Liebe wird dichter und spürbarer. Sie zieht dich wie ein Sog höher, näher zum Vater. Du bist am Ende der Treppe angekommen und lässt die Wolken hinter dir. Du trittst an eine hohe Mauer heran, wo dir ein großes offenes Tor Einlass gewährt. Gehe nur hindurch! Der Vater erwartet dich bereits. Höre, wie diese Worte in der Luft liegen: „Mein Abba Vater liebt mich, mein Abba Vater liebt mich, mein Abba Vater liebt mich, mein Abba Vater liebt mich ..." Abba Vater hat sich bereits von seinem Thron erhoben und ist heruntergestiegen, dir entgegen. Du kommst jetzt heim, heim zu IHM. Kannst du ihn sehen? Seine Arme sind weit offen, bereit, dich ganz einzuhüllen.

Laufe nur, laufe in seine Arme und finde Frieden bei ihm. Komm nach Hause. Seine Augen sind voller Freude darüber, dass du gekommen bist. Mit Augen der tiefen Annahme betrachtet er dich, und seine Freude, die in der ganzen Atmosphäre spürbar ist, sickert in deinen Körper, in deine Seele und in deinen Geist hinein.

Hier in seinen Armen bist du sicher. Seine tiefe Annahme sickert jetzt in deinen Körper, deine Seele und in deinen Geist hinein. Dies ist der Ort der absoluten Sicherheit. Du kannst alle Masken fallen lassen, denn du bist in deinem ganzen Menschsein angenommen. Schließe deine Augen und beobachte ihn! Was macht er? Will er dir etwas geben? Sagt er etwas? Sprich mit ihm! Er hat dir so viel zu sagen! Beobachte ihn! Er will dir so viel zeigen!

KAPITEL 11

GRABE NACH DEINER BESTIMMUNG

Handelt nicht gedankenlos, sondern versucht zu begreifen, was der Herr von euch will.
Epheser 5, 17

Genau darum geht es in unserer persönlichen Bestimmung: zu begreifen, was der Herr von uns will! Was ist unser persönlicher Anteil am gesamten Werk? Es ist nicht einfach zu verstehen, was Gott von uns erwartet, weil Satan unsere Vergangenheit und Gegenwart bewusst dazu nutzt, unsere Bestimmung zu verschütten. Was meine ich damit? Ich bin davon überzeugt, dass an dem Ort unseres Lebens, an welchem sich der Schatz unserer Bestimmung befindet, am meisten „Erde" liegt.

Satan versucht mit Hilfe seiner Sklaven, das Königreich in uns zu zerstören. Damit nicht genug! Er setzt auch alles daran, die Bestimmung in uns zu verschütten. Denn er weiß, dass du zu einer mächtigen Waffe wirst, wenn du es schaffst, an den Schatz deines Lebens heranzukommen! Nun, was ist seine Strategie?

Jeder von uns wurde von Gott persönlich ausgesucht und in die jetzige Zeit hineingeschickt. Vor Beginn unseres irdischen Daseins wurde von ihm unsere ganz persönliche Bestimmung in uns hineingelegt. Grundsätzlich sind wir alle Glaubensträger, Hoffnungsträger und Liebesträger! Wir verfügen alle über diese drei besonderen Kräfte. Doch wenn ich das Leben verschiedener Menschen betrachte, fällt mir immer wieder auf, dass eine oder mehrere dieser Kräfte besonders hervorstechen, und damit die jeweilige Bestimmung einen Schwerpunkt bekommt.

Jeder Mensch hat einen oder mehrere Schwachpunkte. Mit Schwachpunkt meine ich den Mangel an Glauben, Hoffnung oder Liebe. Wenn du deine Vergangenheit betrachtest, was ist vor allem anderen an Zerstörung gesät worden? War einer dieser Goliats Angst, Zweifel und Misserfolg besonders gegenwärtig, oder vielleicht sogar alle? Dann liegt dein Schwerpunkt in deinem Glauben verborgen und du bist ein besonderer Glaubensträger! Hast du in der Vergangenheit besonders viel Schmerz und Entmutigung erlebt? Dann liegt dein Schwerpunkt in der Hoffnung und du bist ein besonderer Hoffnungsträger! Oder hast du in deiner Vergangenheit viel Stolz, Egoismus, Unvergebenheit und Ablehnung erfahren, vielleicht das eine mehr als das andere? Dann liegt dein Schwerpunkt in der Liebe und du bist ein besonderer Liebesträger! Der Schwachpunkt ist ein ziemlich klarer Hinweis darauf, wo dein eigentlicher Schwerpunkt liegt und somit darauf, wo deine Bestimmung vergraben ist.

Nehmen wir an, Gott hat die Bestimmung einer Reinkultur des Glaubens in dich hineingelegt. So hat der Feind mit Sicherheit versucht, den Schatz deines Glaubens zu verschütten, Hoffnung und Liebe jedoch nur schwach angekratzt! Denn er weiß, dass eine besondere Salbung des Glaubens in dir steckt. Da er nicht in der Lage ist, deine Salbung zu zerstören, wird er also lediglich versuchen, sie mit viel Angst, Zweifel und Misserfolg zu verschütten, damit du im Land des Glaubens nie nach deiner Bestimmung graben wirst. Je stärker Angst, Zweifel und Misserfolg in deinem Leben gestreut wurden, desto größer wird der vergrabene Schatz des Glaubens in deinem Leben sein. Je größer dein Schwachpunkt ist, desto kraftvoller auch dein Schwerpunkt! Natürlich pflastert die Finsternis nicht nur deine Vergangenheit mit Angst, Zweifel und Misserfolg zu. Satan gebraucht auch dein Hier und Heute, um die darauf geschüttete Erde festzutreten, indem er dir bei jedem neuen Glaubensschritt Angst, Zweifel und Misserfolg schickt. Das Gemeine ist, dass die meisten unter uns nie die stärkste Kraft hinter ihrem Schwachpunkt vermuten würden. Doch genau dort ist dein Schatz vergraben. So wissen viele nichts von ihrer wahren Bestimmung.

... Ihre Schwäche wurde in Stärke verwandelt. Sie wurden stark im Kampf und schlugen ganze Armeen in die Flucht ...
Hebräer 11, 34

Genau so wird es sein! Unsere Schwäche wird in Stärke verwandelt werden und so schlagen wir ganze Armeen der Finsternis in die Flucht! Gott will uns in unserer Schwachheit gebrauchen. Denn nur durch einen Schwachen kann er seine Kraft zeigen. Solange wir uns in unserer eigenen Kraft bewegen, werden wir im Bereich des Natürlichen bleiben. Wenn wir als berufene Glaubensträger gelernt haben, Angst, Zweifel und Misserfolg zu überwinden, erheben wir uns aus unserer Schwachheit und er kann sich in uns als Stärke erweisen. Denn wir haben verstanden: Nicht unsere Kraft hat uns überwinden lassen, sondern seine! Die von Gott gegebene Bestimmung hat somit einen Preis. Im Fall des berufenen Glaubensträgers, musst du die Angst, den Zweifel und den Misserfolg überwinden! Das bedeutet, mit starker Entschlossenheit am Ort der Angst, des Zweifels und des Misserfolges zu graben, bis die persönliche Bestimmung sichtbar wird! Es kostet uns Mühe und Fleiß, an unsere Bestimmung heranzukommen. Je stärker der Schwachpunkt in einem bestimmten Bereich, desto stärker die Kraftwirkung! Je tiefer der Schatz von Satan vergraben wurde, desto länger und mühevoller der Weg, ihn auszugraben. Je größer die Überwindung, desto kostbarer der Schatz!

Oftmals sehen wir nur das helle Strahlen des Mannes oder der Frau Gottes, den Erfolg, den sie Gott bringen und die Stärke, mit der sie wirken. Doch das lange, entschlossene Graben am Ort des Schmerzes, sehen wir nicht. Wir sehen, wie Menschen mit Gott Geschichte schreiben und wollen in ihren Fußspuren laufen. Doch dein Schöpfer hat noch nie Kopien geschaffen! Hinterlasse deine eigenen Spuren! Spuren des Glaubens, der Hoffnung und der Liebe. Hinterlasse Spuren deiner persönlichen Bestimmung. Es sind Spuren, die nur du machen kannst. Wir sollen uns gegenseitig anspornen und inspirieren, aber wir müssen unsere eigene Geschichte schreiben.

Schau nur einmal auf deine Vergangenheit zurück. Was siehst du? Was siehst du hauptsächlich? Eine Spur der Angst, des Zweifels und des Misserfolgs? Ein nicht enden wollender Schrei des Schmerzes? Ein ständiges Gefühl der Ablehnung und Zurückweisung? Oder von allem ein bisschen? Welchen Schwerpunkt gibt deine Vergangenheit preis? Kannst du die Bedeutung in deinem Leben sehen? Wie auch immer dein Schwerpunkt aussieht: Du bist von großer Bedeutung für Gott. Er hat dich dazu bestimmt, viel Frucht zu bringen!

> *Bleibt in mir, und ich werde in euch bleiben. Denn eine Rebe kann keine Frucht tragen, wenn sie vom Weinstock abgetrennt wird, und auch ihr könnt nicht, wenn ihr von mir getrennt seid, Frucht hervorbringen. Ich bin der Weinstock; ihr seid die Reben. Wer in mir bleibt und ich in ihm, wird viel Frucht bringen. Denn getrennt von mir könnt ihr nichts tun.*
>
> **Johannes 15, 4-5**

Geh, und hole dir zurück, was dir gehört. Es wird Zeit, deine persönliche Geschichte mit Gott zu schreiben! Stelle dich der Angst, dem Zweifel und dem Misserfolg und finde den kostbaren Schatz deines schöpferischen

Glaubens. Stelle dich dem Schmerz und der Entmutigung. Trete mitten hinein in diesen Schmerz. Er wird schnell an Schrecken verlieren! Finde deinen kostbaren Schatz der fruchtbaren Hoffnung. Lege den Stolz, die Unvergebenheit, allen Egoismus und die Ablehnung ab! Sie waren niemals ein Teil von dir, sondern vielmehr ein gemeiner Frontalangriff auf die Salbung der Liebe in dir. Grabe nach dem Schatz, er gehört dir!

> *Er (Jesus) hat uns zu seinem Reich und zu seinen Priestern gemacht, um Gott, seinem Vater zu dienen. Gebt ihm Ehre bis in alle Ewigkeit! Er herrscht für immer und ewig! Amen.*
> **Offenbarung 1, 6 (Klammer hinzugefügt)**

Glaubensträger

Wenn du herausgefunden hast, dass du ein Glaubensträger in Reinkultur bist, trägst du eine starke Salbung des Glaubens auf dir, um der Angst, dem Zweifel und dem Misserfolg entgegenzutreten und diese zu besiegen. Nicht nur in deinem persönlichen Leben, sondern auch im Leben anderer. Du bist ein Überwinder, denn alles ist dir durch den Einen möglich. Du bist in der Lage, ganze Bollwerke der Lügen zu zerstören. Du bist gesalbt worden, in deinem und im Denken anderer die Wahrheit aufzurichten und zu festigen. Stärke und stabilisiere deinen und den Glauben anderer. Du trägst eine Salbung in dir, um besondere Glaubenskraftakte zu tun. Du bist eine demütige Person, die geschaffen wurde, um große Glaubensdinge zu sehen. Wundervolle Werke des Glaubens werden durch dich in Existenz kommen. Eine besondere Portion an schöpferischem Glauben ist dir von Gott zugeteilt worden. Nutze sie! Dieser Glaube wird ganze Festungen der Angst, des Zweifels und des Misserfolgs zertrümmern! Gleichzeitig musst du lernen, deinen eigenen Glauben zu beschützen und wachsam zu sein. Achte auf dein Denken! Lasse kein vergiftetes Nachsinnen zu. Erkenne den Feind dahinter, der über dein Denken in deine Gefühle einbrechen will, um Angst, Zweifel und Misserfolg zu verfestigen. Du bist frei, allezeit in die Gegenwart Gottes hineinzutreten. Lass dich von seinem besonderen Frieden füllen, welcher dich sogar im größten Sturm in die Gelassenheit hineinführt und darin hält.

Hoffnungsträger

Wenn du herausgefunden hast, dass du ein Hoffnungsträger in Reinkultur bist, trägst du eine starke Salbung der Hoffnung auf dir, um dem Schmerz und der Entmutigung entgegenzutreten. Du bist ein wundervolles Licht. Durch dein Leben werden dicke Mauern des Schmerzes zertrümmert; Mauern, die Menschen in der Dunkelheit gehalten haben. Überall, wo du auftauchst, werden Spuren der Freude zurückbleiben. Bringe Hoffnung, wo immer du kannst.

Hilf den Menschen, ihren Schmerz und ihre Entmutigung zu überwinden, indem du ihnen Freude zeigst. Du hast eine besondere Salbung, Hoffnung zu entfachen. Nutze sie! Sei ein Sprungbrett im Leben der Menschen. Bringe sie weiter, schiebe sie an, trage sie und ziehe sie aus dem Schmerz heraus. Stille den Hoffnungsmangel in den Herzen der Menschen. Du wirst viel Freude sehen, die durch dein Leben in diese Welt kommt! Du hast viel geweint, jetzt wird es Zeit, zu ernten. Denn die mit Tränen gesät haben, werden mit Freude ernten (siehe Ps. 126, 5)! Gleichzeitig musst du lernen, deine Hoffnung zu beschützen und wachsam zu sein, wenn Schmerz und Entmutigung in deinem Leben auftauchen. Wenn du keine Freude mehr spürst, sei wachsam. Schütze deine Hoffnung, indem du dich unentwegt für die Freude entscheidest. Halte an keinem Schmerz fest und sei schnell im Vergeben, damit niemand deine Freude stehlen kann!

Liebesträger

Wenn du herausgefunden hast, dass du ein Liebesträger in Reinkultur bist, trägst du eine starke Salbung der Liebe auf dir. Sie ist fähig, Stolz, Egoismus, Unvergebenheit und Ablehnung entgegenzutreten. Dein Leben ist für die Menschen, denen du begegnest, eine Zuflucht. Du bist eine Herberge, in der verwundete Menschen Heilung finden. Die Annahme, die du ausstrahlst, ist außergewöhnlich. Die Schönheit des Reiches Gottes in dir ist besonders ausgeprägt. Trage diese Liebe in die Herzen der Menschen hinein, hilf ihnen aus Stolz, Egoismus, Unvergebenheit und Ablehnung herauszukommen. Es liegt eine starke Salbung auf dir, Menschen miteinander und mit Gott zu versöhnen. Zeige ihnen den Weg der Liebe und hilf ihnen, darauf zu gehen. Hilf den Menschen, diese negativen Haltungen abzulegen und zu überwinden! Du kennst den Weg, denn du bist ihn bereits gegangen! Du hast eine besondere Salbung der Liebe zugeteilt bekommen. Nutze sie! Gleichzeitig musst du lernen, die Liebe in dir zu beschützen. Wenn Stolz, Egoismus, Unvergebenheit und Ablehnung vor deiner Herzenstür stehen, um in das Königreich einzudringen, sei wachsam! Achte besonders darauf, dass die Liebe auf dem Thron deines Lebens sitzen bleibt. Übe dich in Selbstbeherrschung!

Mischkultur

Einige unter uns sind eine Mischkultur. Dies ist der Fall, wenn zum Beispiel zwei oder sogar alle drei Kräfte stark ausgeprägt sind. Vielleicht hast du herausgefunden, dass du eher einer Mischkultur gleichkommst und somit deine Schwerpunkte auf zwei oder sogar allen drei Kräften liegen. Es ist so, dass uns in verschiedenen Lebensabschnitten die Möglichkeit gegeben wird, Kräfte zu entwickeln. So kann es gut sein, dass wir uns von einer ausgeprägten Reinkultur zu einer Mischkultur entwickeln. Alles, was wir in unserem Leben an Schwierigkeiten überwinden, ablegen und in den Prozess der Veränderung hineingeben, verdichtet die Salbung in uns. Wenn Bedrängung kommt, freue dich. Es ist eine Gelegenheit, an Salbung zuzulegen! Jede neue Bedrängung, die wir überwinden, hebt uns auf ein neues Level. Wenn die Bedrängung immer in die gleiche Richtung geht, zum Beispiel Richtung Schmerz und Entmutigung, bekommen wir in diesem Bereich Gelegenheit, unsere Hoffnung zu entwickeln.

Es wird Zeit, deine persönliche Geschichte mit Gott zu schreiben. Freue dich an deiner ganz persönlichen Bestimmung; sie ist einzigartig. Geh und hole dir zurück, was dir gehört! Stelle dich dem Leben und allem, was es mit sich bringt. Grabe deine Bestimmung aus. Du wirst das schaffen! Ich habe es auch geschafft. Sage ja zu deiner Bestimmung, Zeichenkind!

Vater Gott, ich nehme die Bestimmung an, die du für mich gedacht hast. Ich erkenne den Schatz an, den du in mein Leben hineingelegt hast. Ich bitte dich, Jesus Christus, dass du mir hilfst, mit Entschlossenheit nach meinem kostbaren Schatz zu graben. Bitte gib mir Weisheit, damit ich alles daransetze, diesen Schatz zu schützen. Ich danke dir, Vater Gott, dass ich besondere Bedeutung von dir bekommen habe – jetzt, für diese Zeit! Danke, dass ich eine kraftvolle Reinkultur/Mischkultur eines Glaubens-/Hoffnungs-/Liebesträgers bin. Ich entscheide mich vor der sichtbaren und unsichtbaren Welt, meinen kostbaren Schatz zu gebrauchen. Ich bin entschieden, aufzustehen, denn ich weiß, ich bin dazu bestimmt, zu siegen! - Amen.

Dann sah ich wieder Tausende und Abertausende von Engeln um den Thron und um die lebendigen Wesen und die Ältesten und hörte ihr Singen. Und sie sangen in einem gewaltigen Chor: „Würdig ist das Lamm, das geschlachtet worden ist. Es ist würdig, Macht und Reichtum entgegenzunehmen und Weisheit und Stärke und Ehre und Herrlichkeit und Lob." Und dann hörte ich, wie alle Geschöpfe im Himmel und auf der Erde und unter der Erde und im Meer sangen: „Lob und Ehre und Herrlichkeit und Macht stehen dem zu, der auf dem Thron sitzt, und dem Lamm für immer und ewig." Und die vier lebendigen Wesen sagten: „Amen!" Und die vierundzwanzig Ältesten fielen nieder und beteten an.

Offenbarung 5, 11-12